Histoire de la Martinique

Histoire de la Martinique

Collection «*Les Pages de l'Histoire* »

Auteurs dont les travaux ont été utilisés pour cette
collection :
Georges Haurigot
Jean-Marie Pardon.

Editions Le Mono

Collection «*Les Pages de l'Histoire* »

Connaître le passé peut servir de guide au présent et
à l'avenir.

© Editions Le Mono, 2016

ISBN : 978-2-36659-353-2
EAN : 9782366593532

I

La mer des Antilles contient plus de trois cents îles qui se divisent en grandes et petites Antilles, en îles du vent et îles sous le vent. D'après certains géologues, ces îles sont des parties d'un ancien continent détruit par un grand bouleversement; d'autres prétendent qu'elles seraient issues des productions volcaniques. Ce qui est certain, c'est qu'on trouve sur toutes ces îles, des volcans en activité ou éteints, comme la Soufrière à la Guadeloupe, et les trois pilons du Carnet à la Martinique dont les sommets sont toujours couverts de nuages.

La Martinique est l'une des plus considérables îles des petites Antilles, ou îles du vent, avec des caps élevés qui s'avancent dans la mer, ce qui lui donne une forme irrégulière.

A l'approche de l'île par bateau, écrit Georges Haurigot[1], le premier point qui attire le regard est le sommet du *Vauclin*. Puis surgissent les pitons du *Carbet*, la *Caravelle*, pointe avancée qui ouvre la baie du Galion et de la Trinité, et enfin la montagne *Pelée*. Peu après, les yeux distinguent les cultures variées, les champs immenses de cannes à sucre, les bouquets de palmiers et de cocotiers aux panaches

---

[1] Dans son récit de voyage : *Excursion aux Antilles françaises.*

élégants. Puis se déroulent les côtes sous le vent, minées par la mer qui s'y brise en grondant.

L'ensemble de l'île forme deux péninsules réunies par un isthme.

La Martinique est entourée de baies profondes et sablonneuses, et n'offrant guère de sûreté pendant les ouragans qui sont terribles et fréquents dans ce pays. Les côtes sont entourées de bancs de madrépores et peu accessibles ; elles sont souvent visitées par des raz de marée d'une grande violence.

La superficie de l'île est de 99,000 hectares. Le sol y est très-fertile, on y trouve tous les produits des tropiques. On y cultive la canne à sucre, le café, le coton, le cacao, les arbres à épices, le maïs, le manioc, la banane, etc… La plupart des animaux domestiques ont été introduits dans l'île. Les animaux indigènes sont : la sarigue, l'agouti, le rat musqué, les perroquets, les perruches, l'oiseau mouche, le colibri, le flamand, l'iguane et les serpents.

Le climat est chaud et humide.

La ville principale *Fort-de-France,* appelée sous les Bourbons Fort-Royal, fut le siège du gouvernement, d'un évêché et d'une Cour. Cette ville est située sur la côte Ouest de l'île. Son port est l'un des plus grands et des plus sûrs des Antilles ; les fondements en furent jetés en 1672 par le gouverneur de Baas.

La ville de *Saint-Pierre,* située à 28 kilomètres de Fort-de-France, est bâtie sur la côte Ouest, formant dans cette partie une baie. Elle fut l'entrepôt et le centre du commerce de la colonie pour ses importations et ses exportations. Elle était aussi le trait d'union des autres colonies et de la Métropole.

La ville de *La Trinité* est située sur la côte Est de l'île, au fond d'une baie. Son port est sûr, mais les roches de madrépores en rendent l'accès difficile.

Il y a d'autres petites villes telles que : Case Pilote, le Carbet, le Prêcheur, la Grande-Anse, Marigot, Ste-Marie, le Robert, le François, le Vauclin, le Marin, le Diamant, Anse d'Arles et le Gros-Morne, situé au centre de l'île.

La Martinique est géographiquement située entre 14° 23′ 43″ et 14° 52′ 47″ de latitude nord — 63° 6′ 19″ et 63° 31′ 34″ de longitude ouest. Georges Haurigot écrit de façon poétique à propos de l'île : « Quand un navire a franchi le canal de Sainte-Lucie pour aller à Fort-de-France, un aspect des plus pittoresques séduit le regard du voyageur, et grave dans son esprit une impression qui ne saurait plus s'effacer. Sous un ciel d'une pureté merveilleuse, dont celui de l'Italie peut seul donner une idée, au milieu d'une mer diaprée de mille couleurs et que l'on croirait toujours calme et tranquille, la Martinique se dresse brusquement, semblable à une sirène qui étale sa chevelure humide en restant à moitié dans l'eau. »

La population est constituée, outre les blancs, de trois types originaux : les Africains, les Indiens et les Chinois. Les habitants primitifs de l'île, les Caraïbes, qu'on qualifiait d'anthropomorphes, ont complètement disparu à cause des violences et de toutes les conquêtes qui ont détruit ces hommes au teint cuivré.

Les quatre races que nous avons indiquées, en se mariant entre elles ou en se croisant, donnent les résultats suivants : Les blancs, entre eux, donnent ceux qu'on appelait *les créoles*. Les Africains, entre eux, produisent ceux que, après deux ou trois générations, on appelait *nègres des colonies*. Le croisement de la race blanche avec la race indienne donne naissance au *métis*; avec la race noire, au *mulâtre*. Celui-ci, à son tour, toujours avec le blanc, engendre les *quarterons* ; si c'est avec le « nègre » qu'il se croise, il produira le *câpre*. Enfin, le « nègre », en s'alliant avec les derniers descendants des Caraïbes, produit le *griffe*.

Ces nombreuses variétés ne diffèrent guère entre elles que par la nature des cheveux plus ou moins crépus, et par la couleur de l'épiderme plus ou moins foncé suivant le nombre de générations qui séparent l'individu du blanc.

Les blancs étaient autrefois les maîtres absolus du pays et n'estimaient nègres ou mulâtres qu'à leur valeur vénale, c'est-à-dire qu'ils ne les estimaient point du tout. De fait, les esclaves, sans état civil, sans famille, propriété absolue du maître qui les avait payés, dégradés souvent par les châtiments corporels et les traitements les plus vils, n'étaient guère en état d'inspirer la considération ; et le seul sentiment qu'ils pussent éveiller dans l'âme, même des meilleurs, était celui d'une pitié un peu méprisante.

Quelle est l'histoire de la Martinique ; de sa découverte, de sa colonisation, de son développement, et de l'émancipation des noirs ? C'est ce que nous découvrons à travers les pages suivantes.

II
Découverte de la Martinique [2]

Ce fut à son premier voyage que Christophe Colomb découvrit l'immense archipel des Caraïbes. Il aborda à San Salvador le 12 octobre 1492, et, quelques jours après à Haïti où il commença son premier établissement. En 1493, il découvrit la Désirade, la Dominique Marie-Galante, la Guadeloupe, Antigoa, St-Christophe, Porto-Rico, ainsi que plusieurs autres îles. La Martinique et le reste de l'archipel ne fut reconnu que dans les expéditions suivantes. Ces iles étaient habitées par deux types d'indigènes. Ceux des grandes Antilles étaient doux, timides. Alors que ceux des petites Antilles étaient d'un caractère cruel et féroce ; ils mangeaient les corps de leurs ennemis, dit-on, mais se montraient hospitaliers envers les étrangers.

Arrivé à Cuba, Christophe Colomb désigna tous les insulaires sous le nom d'Indiens, ceux de la terre ferme comme ceux des grandes et petites Antilles ; même s'ils appartenaient à deux races différentes. Les Espagnols pensaient que les insulaires des grandes Antilles descendaient des Arrouacks ou peuple de la Guyane, à cause de la ressemblance physique et du langage. Les uns et les autres se

---

[2] Basé sur les travaux de Jean-Marie Pardon publiés dans : *La Martinique, depuis sa découverte jusqu'à nos jours.*

peignaient le corps de *roucou,* ils avaient les narines ouvertes, les cheveux longs, les dents sales, et les yeux assez vifs ; en somme, leur aspect paraissait hideux aux Européens, qui, cependant, ne dédaignaient pas leurs femmes, au rapport de Vespuce, auxquelles ils s'abandonnaient sans retenue et sans bornes.

Les Caraïbes pouvaient avoir plusieurs femmes, c'était l'usage, et une femme pouvait avoir deux maris. Ils croyaient à l'immortalité de l'âme et qu'ils en avaient trois, une dans la tête, une au cœur cl la troisième dans les bras. Jaloux à l'excès de leur liberté, on ne pouvait les réduire en servitude ; ils préféraient la mort à la captivité. On en vit s'éteindre de tristesse et de douleur plutôt que de consentir à servir un maître. Les querelles des Caraïbes se vidaient souvent par le duel ; mais celui qui tuait son adversaire était obligé de quitter le pays ou de se battre avec tous les parents de celui qui avait été tué. Il ne reste plus guère de cette race dans les petites Antilles ; les sujets sont rares, ils ont été détruits par la cupidité et la cruauté des Européens. Les Anglais détruisirent totalement ce qui restait à St-Vincent et à la Dominique, malgré le traité qui leur en garantissait la possession.

Colomb revint visiter les petites Antilles en 1502, et depuis cette époque, il n'est guère question en Europe de ces iles. On était plus occupé par de plus grandes découvertes faites sur le continent américain par Fernand Cortez et Pizarre. Le premier s'était élancé sur le Mexique, aux riches mines d'or, à la tête d'aventuriers, et parvint à le conquérir facilement. Pizarre, lui, s'empara du Pérou. Il n'est donc pas étonnant que devant d'aussi grands succès on se soit peu occupé des petites Antilles. Ce ne fut qu'en 1625 que quelques Anglais et quelques Français vinrent se réfugier à la Martinique et y vécurent en paix avec les indigènes qui leur donnèrent généreusement l'hospitalité. L'île de la Martinique fut ainsi nommée parce qu'elle fut découverte le jour de la St-Martin.

III
Colonisation de l'île

Voici l'histoire de la colonisation de la Martinique, selon l'ordre chronologique des faits et des événements qui se sont succédé depuis la découverte du nouveau monde.

1626 - Sous le règne de Louis XIII, le capitaine Dénambuc, navigateur normand, partit de Dieppe avec un seul vaisseau pour l'Amérique ; il aborda à l'Ile de St-Christophe qu'il trouva propre à former un établissement. A son retour il obtint de Richelieu des lettres-patentes qui l'autorisaient à créer une compagnie de colonisation et de commerce pendant vingt ans. Un an après, Dénambuc retourna à St-Christophe avec des colons pour cultiver l'Ile ; mais à son grand regret, il trouva des colons anglais installés sur la partie Ouest de son île. En homme sensé, il s'entendit avec eux en divisant la surface de St-Christophe en deux parties; les Anglais vivant et cultivant de leur côté, tandis que les Français en faisaient autant du leur. Le capitaine Dénambuc eut beaucoup de difficultés à surmonter au commencement de son établissement, par suite de manque d'expérience des cultures et des effets du climat ; mais homme de tête et de courage, il parvint à les surmonter. Il eut à combattre les

Espagnols qui voulaient le chasser, et les Anglais qui ne voulaient plus observer les conventions passées avec eux, il triompha heureusement des uns et des autres.

1635 - A cette époque, voyant son établissement prospérer, il s'occupa d'en former un autre à la Martinique ; et, pour arriver à son but, il prit une centaine de Français, braves, bien acclimatés et pourvus de tout ce qui était nécessaire à former un premier établissement. Il aborda avec eux dans cette île, sur la côte occidentale, le 15 juillet 1635, dans un lieu appelé le Carbet, à environ deux kilomètres de l'emplacement où s'éleva plus tard la ville de St-Pierre. Laissant cette colonie naissante sous le commandement de son lieutenant nommé Dupont, il retourne à St-Christophe où l'appelaient les affaires de cette colonie. Aussitôt après son départ, les naturels ou Caraïbes se révoltent contre Dupont, brûlent les cases et les provisions ; et, pour en finir avec ces étrangers d'un seul coup, appellent à leurs secours ceux de la Dominique, de St-Vincent et même de la Guadeloupe, éloignée de trente lieues ; ils viennent au nombre de 1500, attaquer le fort St-Pierre où les colons s'étaient réfugiés. Les Caraïbes perdant du monde et ne pouvant venir à bout de prendre le fort, finirent par se disperser. Dénambuc, prévenu par Dupont de ce qui se passait à la Martinique, envoya un renfort de cinquante hommes commandés par Delavallée. A la vue de ce renfort les pauvres naturels, convaincus de leur impuissance dans une lutte à armes inégales, demandèrent la paix aux nouveaux venus.

1638 - Dupont, après avoir fait la paix, voulut en porter lui-même la nouvelle au gouverneur de St-Christophe, en s'embarquant sur un petit bâtiment qui fut jeté à la côte à St-Domingue ; il fut pris par les Espagnols qui le gardèrent pendant trois ans. Dénambuc, croyant que Dupont avait péri en mer, donna le commandement de la Martinique à son neveu Duparquet, jeune homme de la plus grande espérance, et dont le frère avait été tué pendant la guerre entre les Français et les Espagnols. Cette nomination fut confirmée par le roi et la compagnie; Duparquet reçut une Commission de lieutenant-général pendant trois ans seulement. La Compagnie le nomma en outre Sénéchal de l'île avec une redevance de trois livres de tabac par habitant.

La Compagnie de colonisation et de commerce, en demandant au roi la concession des îles, s'était engagée à la fournir de missionnaires pour le service religieux des habitants et pour la conversion des naturels. A leur arrivée, on procéda à leur installation avec beaucoup de pompe pour frapper l'imagination des Caraïbes qui n'y comprirent pas grand chose, tant leur simplicité était grande. Puis, soit de gré ou de force, les missionnaires finirent par en convertir un certain nombre ; mais ces conversions n'étaient que factices; car aussitôt rendus à eux-mêmes les naturels reprenaient leurs pratiques superstitieuses. Vers ce temps-là le brave Dénambuc tomba malade et mourut, il était gouverneur de St-Christophe et des îles; il s'était appliqué à bien gouverner les colons soumis à sa domination ; il emporta donc leurs regrets. 11 eut pour successeur le commandeur de Poincy, qui était un homme de mer fort distingué, riche et considéré. Il prit à cœur de bien gouverner, non-seulement St-Christophe, mais encore toutes les îles qui dépendaient de son commandement.

1642 - Cette année, un édit du roi Louis XIII parut en faveur de la Compagnie des îles à laquelle Richelieu s'intéressait vivement. Il lui était accordé d'étendre ses établissements du 10e au 30e degré de latitude, avec la défense à tous les marchands français d aller commercer aux îles, sans autorisation, pendant vingt années. La Compagnie était exempte des droits d'entrée pour toutes sortes de marchandises provenant des îles. Toute contestation entre la Compagnie et les marchands devait être portée devant le conseil du roi.

Duparquet qui était gouverneur de la Martinique, eut des contestations avec de Poiney gouverneur général, résidant à St-Christophe au sujet de la réception faite à la Martinique d un nouveau gouverneur général, nommé de Thoisy-Patrocles qui avait été nommé par le roi pour remplacer de

Poiney; mais celui-ci, mécontent de quitter son gouvernement, refusa de reconnaître son nouveau gouverneur, et fit venir Duparquet à St-Christophe pour le retenir prisonnier. Pendant l'absence de Duparquet il arriva à St- Pierre un navire marchand commandé par le capitaine Boutin, homme d'un caractère audacieux et entreprenant, lequel, voyant l'esprit de mécontentement régner partout contre la compagnie des îles au sujet des impôts, lança un manifeste séditieux, tendant à soustraire la colonie à son autorité et à celle du nouveau gouverneur général de Thoisy. Dans ce manifeste, dans ces discours, il représentait les droits imposés aux colons comme excessifs, et le général de Thoisy comme un agent devant encore augmenter les exigences de la Compagnie à leur égard, en établissant des droits de vente de vingt pour cent sur les propriétés, un droit de trois pour cent sur les marchandises françaises, et un autre de huit pour cent sur les marchandises étrangères. Il n'en fallut pas davantage pour enflammer les esprits déjà mal disposés. Le mécontentement arriva à un tel point, qu'à la suite de plusieurs réunions d'habitants pour se concerter sur la situation, il fut déclaré à M. Delapierrière, commandant en l'absence de M. Duparquet, qu'ils étaient décidés à ne plus payer de droits à la Compagnie. Pendant ce mouvement des esprits, il arriva deux colons envoyés par le gouverneur Houel pour les prévenir que les habitants de la Guadeloupe, dont il était gouverneur, avaient pris les armes pour ne plus acquitter de droits à cette Compagnie des îles. Cette nouvelle fut bientôt répandue partout et excita un soulèvement général.

Le 7 juillet, le général de Beaufort, qui avait été gantier au palais du roi, et dont la femme était connue sous le nom de la Belle Gantière, se lit le chef de cette révolte. Les mutins attaquèrent les magasins de la Compagnie et ceux des marchands qu'ils pillèrent; ensuite ils bridèrent plusieurs maisons à St-Pierre, et finirent par installer des juges et des conseillers pour gouverner l'île. Le commandant Delapierrière n'osa point s'opposer ouvertement à cette révolte, espérant, sans doute, que la raison reviendrait à ces hommes égarés. Cependant les révoltés n'étaient pas disposés à céder, et, pendant ce temps-là, les gens, amis de l'ordre, gémissaient de cette situation qui devait tourner au drame, ainsi qu'on va le voir. Un ami du gouverneur Duparquet, nommé Lefort, propose à sa femme, qui était d'un caractère énergique, de tuer les principaux meneurs de la révolte, et même le commandant Delapierrière, s'il ne se déclarait ouvertement contre les révoltés. Mme Duparquet approuva le projet de Lefort, qui, pour arriver à son but, choisi dix-sept hommes déterminés pour l'aider dans son projet, qu'il communiqua aussi à Delapierrière ; celui-ci s'engagea de son coté à le soutenir dans une entreprise aussi périlleuse.

Le 16 août 1646, Beaufort arrive au fort, à St-Pierre, avec vingt hommes bien armés et demande au commandant Delapierrière s'il voulait signer une demande de réduction de droits de la part des très humbles et très obéissants sujets du roi. Delapierrière répondit qu'il fallait voir cette demande, et, l'ayant lue, il fit des difficultés pour la signer. Après cette entrevue, Beaufort se rendit sur la place où se trouvaient Lefort et ses compagnons prêts à agir ; celui-ci proposa de boire à la santé du roi, et ayant pris un verre de vin, il leva son mousqueton comme pour tirer en l'air et tua Beaufort ; au même instant, les autres conjurés ayant choisi chacun son homme, déchargèrent leurs armes et tuèrent treize insurgés. On poursuivit les autres qui eurent le même sort. Le commandant Delapierrière exerça ensuite des vengeances en faisant tuer plusieurs personnes qu'il rencontra sur son chemin. Après cette échauffourée tout rentra dans l'ordre, et des mesures furent prises pour empêcher les mécontents de recommencer. Delapierrière envoya ensuite un agent au gouverneur de la Guadeloupe, commandant de la Martinique provisoirement, pour lui rendre compte de ce qui s'était passé et le prier en même temps d'accorder une amnistie générale aux personnes compromises dans les événements qui venaient d'avoir lieu.

L'amnistie fut signée le 25 août, on en fit la publication pour apaiser les esprits.

1647 - Pendant que ces événements avaient lieu à la Martinique, le général de Thoisy était chassé de la Guadeloupe par le gouverneur Houel, qui l'avait contraint de s'embarquer le 31 décembre 1646. Il arriva quelques jours après à la Martinique où il espérait prendre le commandement à la faveur du mécontentement qui y régnait encore, et en faisant des concessions aux habitants sur les impôts exigés par la Compagnie. Il parvint en effet à les calmer par des promesses et à les disposer favorablement à son égard, il en profita pour se faire reconnaître en qualité de gouverneur général par les autorités et les habitants. Les officiers et les soldats prêtèrent serment de ne reconnaître que lui et d'obéir à ses ordres. En agissant ainsi, de Thoisy était dans la légalité, puisqu'il avait été nommé par le roi et la Compagnie générale des îles; mais cela ne faisait point les affaires de de Poincy, qui ne voulait pas céder son pouvoir de gouverneur général des îles, et cela malgré les ordres formels du roi ou plutôt de la régente, car on était en pleine régence en France depuis trois ans. La première partie de cet acte de gouvernement s'était joué à la Guadeloupe où le gouverneur Houel avait rempli le principal rôle en forçant de Thoisy à s'embarquer; maintenant de Poincy allait en faire autant à l'égard de ce pauvre de Thoisy, qui se croyait assuré contre les événements fâcheux, depuis qu'il avait été reconnu gouverneur par les habitants et les troupes de la

Martinique. Mais la fortune a ses revers et de Poiney avait ses projets. Ce dernier lit des dispositions pour surprendre son ennemi au moment où il s'y attendait le moins. En conséquence, il lit partir de St-Christophe une flottille de cinq bâtiments portant 800 hommes de débarquement, qui arriva devant St-Pierre, le 13 janvier 1647. Les autorités, prévenues de la cause de cet armement, avaient décidé qu'on se défendrait. Les troupes et la milice furent mises sur pied ; on doubla les postes et l'on se tint sur les gardes. Mais quelques colons ayant obtenu la permission d'aller à bord de la flotte, se laissèrent gagner par M. de Lavernade qui ta commandait. A leur retour, ils persuadèrent aux autres de livrer le malheureux général de Thoisy, afin d'avoir M. Duparquet pour gouverneur. Alors ces habitants qui avaient promis de défendre leur nouveau gouverneur, changèrent d'avis, et, pour se disculper de leur trahison, présentèrent à de Thoisy des propositions qu'il ne pouvait accepter. Dans cette situation pleine de dangers, celui-ci se retira chez les jésuites ; alors leur maison lut entourée, le 17 janvier, par deux compagnies d'infanterie et l'on s'empara de sa personne. On le conduisit à bord de la flottille de Lavernade, qui l'emmena à St-Christophe où il fut prisonnier du gouverneur général de Poincy. Celui-ci se trouva si heureux de sou triomphe, qu'il fit tirer le canon à l'arrivée de sa flotte, eu signe de succès et de réjouissance- La promesse faite de rendre le gouverneur Duparquet aux habitants de la Martinique, fut tenue ; il fut mis en liberté pour retourner à la Martinique où il fut bien accueilli par les colons qui avaient beaucoup d'estime pour sa personne et son administration. Les ordres de la cour, qui avaient décidé que M. de Poincy resterait encore une année à St-Christophe, pour arranger ses affaires personnelles, en qualité de gouverneur particulier de cette ile, et que M. de Thoisy serait lieutenant général des îles de la Martinique et de la Guadeloupe, furent donc mis à néant par la volonté du gouverneur de Poincy dont la conduite fut tout autre que ce qui avait été décidé en conseil du roi; il fallait que de Poincy comptât sur la faiblesse du gouvernement d'alors, et sur sa propre influence dans les îles pour oser agir ainsi. En effet, il avait acquis un grand pouvoir sur les habitants par des créations et des améliorations utiles, dans lesquelles il employa sa fortune personnelle. Le père Dutertre en fait le plus grand éloge dans le récit de son premier voyage, en disant que jusqu'à sont arrivée, la colonie de St-Christophe n'avait fait que languir ; qu'elle manquait de moyens pour s'étendre et prospérer ; que de Poincy employa une partie de sa fortune à peupler et policer les habitants, à construire une bourgade à la Basse-Terre où les navires trouvaient un port pour abri et un fort pour les protéger. Son administration, juste et sévère en même temps, lui attira beaucoup de colons de tous les pays. A cette époque, St-

Christophe était devenu le centre des possessions françaises et la résidence du gouverneur des îles : de là il étendait son influence sur les autres colonies. Il n'est donc pas étonnant de voir que de Poincy ait osé contrecarrer les ordres de la cour, en refusant de reconnaître de Thoisy comme son successeur. Il put le renvoyer impunément en France, et conserver son gouvernement jusqu'à sa mort.

Après les événements qu'on a vu se dérouler, les Antilles entrèrent dans une période de calme et de progrès : des amnisties pour les faits passés furent demandées à la cour et accordées ; il y en eut une particulière pour le gouverneur Houel, qui mérite d'être rapportée : elle lui fut accordée moyennant une amende de 61714 livres de tabac au profit du roi. Il faut convenir qu'on ne pouvait se révolter contre les ordres de la cour à meilleur marché.

1650 - Duparquet se rend en France pour traiter avec la Compagnie des îles, qui ne faisait pas de brillantes affaires; malgré l'amélioration apportée dans les cultures des plantes alimentaires et du tabac qui était sa plus importante ressource. Il parvint à la décider à lui vendre la seigneurie de la Martinique avec Sainte-Alousie, la Grenade et les Grenadines pour la somme de 60000 livres. Le roi confirma cette vente en lui accordant des lettres patentes et de plus le titre de lieutenant général de ces îles pour le récompenser de ses services. A cet égard, il existait un précédent: en 1649, le marquis de Boisseret, gouverneur de la Guadeloupe, avait acheté cette île et ces dépendances, de la même Compagnie, pour la même somme de 60000 livres et 300 kilogrammes de sucre par an. Enfin le commandeur de Poincy, au nom de l'Ordre de Malte, dont il était membre, avait acheté pour 120000 livres la partie française de St-Christophe, celle de St-Martin, les îles St-Barthelémy, Ste-Croix et la Tortue. En reconnaissance de cette magnifique acquisition, le grand maître de l'Ordre de Malte lui donna le titre de bailli. Le roi de France approuva toutes ces ventes, sous la réserve de la souveraineté, qui consistait à faire hommage d'une couronne d'or du prix de mille écus à chaque nouveau règne. Les colonies des Antilles cessèrent donc d'être administrées par la Compagnie des îles ; elles furent placées sous l'administration directe des gouverneurs qui devinrent seigneurs et maîtres de ces pays. Depuis longtemps cette Compagnie des îles ne pouvait plus soutenir les charges qui l'accablaient, et à l'époque où la transaction eut lieu, la principale production était le *petum* ou tabac; on en avait multiplié les plantations outre-mesure, et par suite il était tombé à vil prix. Il fallut pour empêcher la dépréciation de cette plante, en suspendre la production pendant deux années de suite. Lorsque Duparquet fut le maître d'administrer la Martinique, comme il l'entendait, il introduisit la culture de la canne à sucre sur une seule habitation d'abord ; puis voyant qu'elle réussissait dans les terres riches en humus, il en propagea la culture dans les îles qui dépendaient de sa seigneurie. Il n'eut pas à regretter ce changement, car ce fut une source de richesses pour lui et pour ses colons. A cette époque, la culture, dans les colonies, se faisait au moyen de travailleurs venus d'Europe ; ou les embarquait comme *engagés,* qu'on recrutait à prix d'argent, et qui avaient le désir de faire une petite fortune ; mais ne possédant pas une avance suffisante pour faire le voyage. Ils s'engageaient à servir pendant trois ans ; à l'expiration de ce temps, on leur accordait des concessions de terres gratuitement, et alors ils étaient considérés comme colons. La traite des noirs commençait aussi à fournir des travailleurs ; ce mode de recrutement, offrant de plus grands avantages que l'autre aux colons, il s'en suivit que le recrutement des blancs fut abandonné peu à peu, et remplacé par la traite des noirs.

IV
Guerres entre les colons et les Caraïbes

1654 - Jusqu'ici la concorde avait régné entre les colons de la Martinique et les Caraïbes. Ces derniers se résignaient à vivre en paix avec les envahisseurs de leur sol, tout en maudissant le jour où ces étrangers étaient venus dans leur île. Ces pauvres gens s'étaient retirés dans la partie Nord-Est où ils avaient installé leurs carbets ou habitations. Là, ils vivaient dans leur indolence habituelle, cultivant tout juste les terres pour en obtenir des plantes alimentaires toiles que : le maïs, le manioc, l'igname, la patate sucrée, le bananier et le chou caraïbe ; ils cultivaient aussi un peu de coton dont les femmes tissaient des étoffes et des hamacs qui leur servait de lit pour se coucher. Les hommes s'occupaient aussi de chasse et de pêche; dans leur simplicité, ils ne comprenaient pas l'utilité des vêtements, et continuaient à vivre nus, les hommes comme les femmes.

Les missionnaires chargés de les civiliser et de les convertir, ne réussissaient guère auprès d'eux. Lorsqu'ils parvenaient à en persuader quelques-uns, les convertis n'avaient été guidés que par l'intérêt et le désir de quelque objet : un couteau, un miroir ou une serpe, la conversion ne durait pas au delà du désir réalisé. Cette année, des difficultés étaient survenues entre les colons et les Caraïbes au sujet des limites respectives qui n'étaient guère observées de part et d'autre. Il en était résulté des querelles, des menaces qui n'attendaient qu'une occasion pour éclater. En effet, un Français ivre voulut un jour tuer sans motif un Caraïbe en tirant sur lui un coup de pistolet qui rata. Le Caraïbe, furieux de vengeance, revint avec d'autres et assomma le Français ; du même coup, ils trouvèrent l'occasion de tuer un prêtre qui disait la messe et les deux enfants de cœur qui la servaient. Ces faits déterminèrent une explosion de colère dans la colonie contre les Caraïbes et la guerre fut résolue. Le gouverneur Duparquet, informé que les insulaires de St-Vincent et ceux de la Martinique s'entendaient entre eux pour soutenir la guerre, fit équiper une petite flottille sur laquelle il plaça 150 hommes, et en donna le commandement à M. Delapierrière, avec ordre de faire main base sur tous les Caraïbes, sans épargner ni les femmes ni les enfants. En empêchant les Caraïbes de nuire à la colonie, le gouverneur restait clans son droit; mais il ne devait pas ordonner un massacre général de ces pauvres gens. Quoi qu'il en soit, il faut écrire l'histoire comme la succession des faits se présente, sans chercher aucune atténuation pour les actes des hommes qui ont abusé de leur pouvoir. Delapierrière à son arrivée à St-Vincent trouva les Caraïbes retranchés derrière des pirogues pleines de sable. Après avoir tiré plusieurs coups de canon sans effet, il fit approcher ses barques pour descendre à terre ; alors les naturels se montrèrent et reçurent une décharge de mitraille qui en tua un certain nombre ; les autres voyant les pertes qu'ils éprouvaient lâchèrent pied pour se sauver dans leurs montagnes. Les Français profitèrent de leurs succès pour pénétrer dans l'intérieur de l'île où ils restèrent pendant huit jours, brûlant et rasant tous les carbets ou cases, et tuant tous les Caraïbes qu'ils rencontraient. Après cette triste expédition, les Français rentrent à la Martinique où ils sont reçus en vainqueurs. La guerre n'était pas terminée : on se guettait de part et d'autre pour se surprendre ou se venger; à ce jeu là, les Caraïbes parvinrent à tuer cinq ou six Français qu'ils assommèrent. La colonie cria vengeance contre les meurtriers, et l'on chercha à intimider les naturels par un horrible exemple! On prit huit de ces malheureux auxquels on fit administrer les sacrements, puis ils furent tués à coup de hache! La vengeance satisfaite, il restait l'expiation d'un fait aussi épouvantable ! Le sang répandu devait encore en faire répandre davantage ! Les Caraïbes des différentes îles de la Dominique, de St-Vincent, de la Guadeloupe, de la Désirade et de la Grenade se réunirent au nombre de plus de 2000 pour venger la mort de leurs amis. Ils s'adjoignirent les nègres-marrons, qui avaient abandonné leurs maîtres pour vivre en liberté. Au moyen de cette réunion, ils crurent, les pauvres gens, que rien ne pourrait leur résister, et ils vinrent investir la maison de Duparquet qu'ils regardaient comme fauteur de tous leurs maux. Au moment de l'investissement, le gouverneur avait peu de monde à opposer à cette foule ; mais il avait organisé une défense particulière qui avait bien son mérite : c'était une meute de gros chiens qui défendirent le logis à outrance, en faisant bonne garde partout. Les Caraïbes furent tenus en respect, assez longtemps pour que trois cents soldats vinssent à son secours. Sans l'arrivée de cette force, qui débloqua la maison du gouverneur, c'en était fait de Duparquet et des colons qui étaient avec lui, ils auraient certainement tous succombés à cette attaque. Les Caraïbes et les nègres marrons avaient déjà brûlé une vingtaine d'habitations, tuant tout ce qui leur tombait sous la main : hommes, femmes et enfants, et ils espéraient bien brûler aussi la maison de Duparquet. Cette guerre acharnée mécontentait les colons qui en supportaient tous les inconvénients. On était sans cesse en alarme, la nuit comme le jour, dans la crainte d'être surpris isolément par le feu ou les attaques des ennemis qui étaient très-rusés. Dans cette situation critique, ils se réunissent en assemblée générale, dans laquelle il fut décidé que le gouverneur proposerait la paix aux Caraïbes. De leur côté, ils ne demandaient pas mieux que de pouvoir vivre tranquillement avec l'espoir qu'ils ne seraient plus provoqués à une guerre funeste ; ils se soumirent donc même à l'obligation de ne plus recevoir les nègres marrons, auxquels ils accordaient l'hospitalité. Ainsi finit cette guerre dont le résultat fut funeste aux deux partis. Le gouverneur avait espéré pouvoir chasser les Caraïbes de l'île ; mais les forces dont il disposait n'étaient pas suffisantes ; le moment n'était pas encore venu pour les colons d'être entièrement les maîtres de la Martinique.

1657 - Le gouverneur Duparquet mourut à St-Pierre, le 3 janvier.

Il avait été gouverneur et sénéchal de l'île pendant vingt ans. Ce fut un colonisateur habile et qui seconda parfaitement le gouverneur général de Poincy, dans ses vues de colonisation.

Dans la guerre civile, comme dans celle faite aux Caraïbes, il montra du courage et de l'activité. Pendant on administration, il sut toujours conserver l'estime et la confiance des habitants, tout en les soumettant à une sage et ferme direction. Lorsque la mort vint le frapper, la Martinique était dans un état florissant, grâce aux encouragements qu'il sut donner à l'agriculture ; ce qui prouve bien qu'avec une sage conduite, un gouvernement peut rendre heureux un pays ; et, qu'au contraire, un mauvais gouvernement peut rendre un excellent pays aussi misérable que possible.

Madame Duparquet, après la mort de son mari, s'empara du gouvernement, conformément à la commission qui avait été faite, le 22 novembre 1653, dans l'intention de lui donner l'autorité nécessaire. Elle demanda au roi Louis XIII la survivance de la charge de gouverneur pour son fils mineur, ce qui lui fut accordé par lettres-patentes du 15 septembre 1658 ; mais avec la condition expresse que le gouvernement de la Martinique serait donné provisoirement à son oncle, M. Dyel de Vendraque. Pendant ces arrangements, il y eut une espèce de sédition à St-Pierre contre Madame Duparquet ; elle avait pour prétexte la grande inclination de cette dame pour les Parisiens, qu'elle trouvait de son goût de préférence aux Normands. Le premier jour de l'an, qui était aussi le jour de la fête de Madame Duparquet, les Parisiens firent des réjouissances en son honneur, ce qui piqua fort la jalousie des Normands : on tint des propos désagréables de part et d'autre, et l'on se fit des menaces qui amenèrent des combats dans les rues de la ville. Le conseil de la colonie présenta diverses plaintes formées par des habitants contre le gouvernement de Madame Duparquet.

Le 6 août 1658, une assemblée eut lieu dans laquelle les habitants décidèrent qu'elle serait dépossédée de tous pouvoirs et commandements ; qu'elle serait astreinte à quitter son logement pour habiter le quartier de la place d'armes où l'ordre fut donné de ne la laisser communiquer avec personne, sans la permission de l'officier de garde. En un mot elle fut gardée comme prisonnière. On poussa même la violence envers cette dame, jusqu'à faire des perquisitions dans ses livres et ses papiers. On trouva un livre de Machiavel, qui traitait de l'état de paix et de guerre. On lui en fit un si grand crime, qu'il fut décidé que ce livre serait brûlé en place publique par la main du bourreau. Après tous ces excès, il y eut une réaction en faveur de cette dame, il fut convenu qu'on ferait la paix et qu'elle serait mise en liberté. Il paraîtrait qu'à cette époque, il ne fallait pas contrarier messieurs les Normands, sous peine de s'exposer à leur vengeance, même pour des choses insignifiantes. Ce n'est pas tout: les ennemis de Madame Duparquet espéraient bien la prendre en défaut sur quelque point de son gouvernement. Ainsi, elle fut soupçonnée d'avoir favorisé une trame, montée par un sieur Maubray, ayant pour but de livrer l'île aux Anglais ; mais le conseil se montra sage celte fois, il fut convaincu de son innocence. Il ordonna qu'elle serait maintenue en possession de son gouvernement, et qu'elle serait rétablie dans ses biens et ses honneurs. L'ombre de Duparquet a dû frémir d'indignation pour les traitements injustes qu'on faisait éprouver à sa malheureuse veuve ! Après toutes ces persécutions, elle fut attaquée d'une paralysie qui l'obligea de renoncer au gouvernement ; elle s'embarqua sur un navire qui devait la conduire en France, mais elle mourut pendant la traversée, au mois d'août 1058. Une tempête s'étant élevée pendant le voyage, les matelots superstitieux crurent que le corps de cette dame en était cause ; et, à ce sujet, il y eut une sédition à bord du navire qui obligea le capitaine de jeter le cadavre à la mer

1659 - Les Français s'étant mis à fréquenter la partie de l'île réservée aux naturels, pour la chasse et la pêche, quelques-uns d'entre eux y furent assassinés. Les Caraïbes s'excusèrent en disant que c'était ceux de St-Vincent ou de la Dominique qui avaient commis ces crimes. Pour le moment, on se contente de cette excuse, et cette affaire n'eut pas de suite. Mais à quelque temps de là, le Caraïbe Nicolas, le plus vaillant et le plus redouté des naturels de l'île, arrive à St-Pierre avec une bande de 17 hommes sur la place du fort, et se met à boire de l'eau-de-vie avec quelques Français qu'il connaissait. Un nommé Beau-Soleil, homme cruel, et auteur de la sédition montée contre madame Duparquet, résolut de profiter de l'occasion pour venger les injures faites aux Français. En conséquence, il rassemble une troupe de soixante hommes, entoure celle de Nicolas dont il en tue 13 sur 17 et fait trois prisonniers. Le malheureux Nicolas, seul, se jette à l'eau pour se sauver, mais inutilement, il est tué par les balles de ses ennemis. Après cette malheureuse affaire, la guerre fut décidée : les habitants organisèrent une force de 600 hommes pour chasser de l'île tous les Caraïbes. 200 hommes furent mis dans des barques commandées par M. de Loubières ; 400 autres s'avancèrent par terre en deux colonnes pour traverser les montagnes. Les Caraïbes se présentèrent pour défendre les passages ; mais ils furent épouvantés aux premières décharges et lâchèrent pied pour se sauver vers leurs pirogues, afin de se mettre à l'abri de la poursuite des Français, et de se retirer dans les îles voisines, avec l'intention de revenir pour se venger de leurs oppresseurs, s'il était possible.

1660 - Après plus de deux années de guerre avec les Caraïbes, où ces derniers étaient toujours maltraités, on songea à faire la paix. Pour arriver à la conclure d'une manière durable, M. de Poincy, gouverneur général à St-Christophe et le général anglais, commandant la partie de St-Christophe, appartenant à l'Angleterre, s'entendirent avec les chefs des Caraïbes dans ce but. L'arrangement eu lieu chez de Poincy, dans lequel il fut stipulé qu'une ligue offensive et défensive était établie pour le cas où les Caraïbes voudraient reprendre les hostilités ; et que, pour vivre en paix parfaite avec eux, il leur serait fait abandon complet des îles de St-Vincent et de la Dominique; et qu'à ces conditions, ils devaient s'engager à vivre en paix avec les habitants des colonies françaises et anglaises. À ce traité de paix, on y vit figurer le préfet apostolique, M. Pierre Fontaine, qui y engagea sa signature avec de Poincy et le gouverneur anglais. On y vit aussi les chefs les plus renommés des îles de St- Vincent et de la

Dominique. Cette année vit mourir M. de Poincy, gouverneur général des îles des Antilles françaises ; il était âgé de soixante-dix-sept ans. On a déjà fait connaître précédemment cet homme supérieur qui comprit parfaitement la mission dont il s'était chargé, en donnant une vigoureuse impulsion à la colonisation. Il ne se contenta pas de faire des arrêtés pour réglementer le pays ; mais ce qui valait infiniment mieux, il donna le bon exemple du travail et de l'activité, au prix de son temps et de son argent. La confiance que ce personnage sut inspirer profila à tout le monde, en attirant des Français et des étrangers pour coloniser ou commercer. Il fut gouverneur général pendant vingt-un ans, et le digne successeur de Denambuc, qui avait ouvert un champ immense à l'activité des hommes de son époque. Un pays est heureux de trouver des hommes de capacité qui n'ont en vue que le bien de leurs semblables, et qui ne craignent pas de tout sacrifier dans ce but.

V
Insurrection des Noirs

1663 - La vente faite par la compagnie des îles aux gouverneurs, n'améliora point le sort des colons cultivateurs : au contraire, les gouverneurs, devenus propriétaires, devinrent plus exigeants pour satisfaire à leurs grandes dépenses de luxe et à l'augmentation des troupes de garnison. Ils prélevaient sur chaque habitant ou esclave, au-dessus de dix ans, cent livres de tabac ou cinquante livres de coton. On ne pouvait se marier sans leur autorisation ni quitter la colonie. Tous les habitants étaient soldats et assujettis à une discipline sévère; chacun montait la garde à son tour et l'on faisait l'exercice général une fois par mois. On payait des droits excessifs à rentrée et à la sortie des marchandises. Les habitants se trouvaient endettés par suite de lourdes charges qui pesaient sur eux : il y avait des plaintes et des troubles contre le système d'administration qui existait alors; il fallait en changer nécessairement. Pour sortir de cet état de confusion, le ministre Colbert proposa au roi Louis XIV d'acheter les îles françaises d'Amérique, et cette acquisition eut lieu au prix de 120000 livres tournois pour la Martinique ; la Guadeloupe et ses dépendances furent payées 125000 livres. Malheureusement on ne s'en tint pas à cette bonne mesure en laissant les îles libres dans leurs intérêts, et en les imposant modérément; l'on revint au fâcheux système de l'exploitation par une

Compagnie à laquelle le gouvernement fit des avantages pour l'aider dans son établissement. Elle avait le droit, pendant quarante ans, de faire exclusivement le commerce et la navigation dans les mers des Antilles, et elle héritait des droits des seigneurs dans les îles que l'Etat venait d'acquérir. On passait d'un système vicieux à un autre qui ne l'était pas moins.

1664 - La nouvelle Compagnie des Indes occidentales équipa trois vaisseaux à La Rochelle, d'où ils partirent, le 14 décembre 1663, et arrivèrent à la Martinique, ayant à bord M. de Tracy avec le titre de gouverneur général. Il avait mission de s'enquérir des causes de la confusion dans laquelle se trouvaient plongés les colons des deux colonies, et il commença son enquête par la Martinique. Les investigations lui firent connaître que les habitants des villes et les planteurs étaient endettés entre eux, puis envers les Hollandais et les juifs qui leur prêtaient à gros intérêts. Cette situation fâcheuse avait donné lieu à beaucoup d'inimitiés et à beaucoup de procès.

M. de Tracy, pour porter remède à ce mal, fit établir un tribunal où tout individu, riche ou pauvre, colon ou étranger, pouvait présenter requête qui serait examinée le jour suivant et jugée le troisième. Avec cette manière active de traiter les affaires civiles, on pouvait croire qu'on viendrait à bout de débrouiller la situation au bout de quelques temps ; mais M. de Tracy se trompait de pays, et ne tenait pas compte de la lenteur et de l'indolence habituelle des habitants. Pourtant, les mesures qui avaient pour but la prompte exécution des affaires, produisirent un certain effet ; et, pour empêcher les planteurs de s'engager dans de nouvelles difficultés, il fit un règlement en vingt-six articles, qui déterminait les rapports du gouvernement avec les habitants et entre eux, pour les affaires d'intérêt, afin de les empêcher de les engager au delà de leurs moyens. Après avoir amélioré la situation générale des affaires, ce gouverneur se rendit à la Guadeloupe où les habitants étaient aussi embarrassés par leurs dettes que ceux de la Martinique. Il employa les mêmes moyens pour les tirer d'embarras, puis il revint se fixer à la Martinique.

1665 - Une insurrection de 300 à 400 nègres a lieu sur différents points de l'île. Ils abandonnent les plantations pour se réfugier dans les mornes abruptes et sauvages où on ne peut les atteindre. La cause de cette désertion venait du désir de jouir de la liberté et de l'antipathie de la race noire pour le travail. Dispersés par bandes de 25 à 30 hommes, ils font des excursions pendant la nuit pour piller les propriétés et les incendier. La milice ne pouvant les atteindre dans leurs repaires, le gouverneur propose des récompenses à ceux qui en ramèneront, s'engageant à pardonner les nègres qui rentreraient volontairement. Cette décision pleine d'humanité produisit de bons effets ; plusieurs nègres rentrèrent sur leurs habitations; le chef de la révolte revint hardiment avec plusieurs de ses camarades pour profiter de l'ordonnance du gouverneur.

1674 - La Compagnie des Indes occidentales qui avait entrepris le commerce des îles, n'en était pas plus capable que celle qui l'avait précédée. Les habitants se trouvaient gênés dans leurs approvisionnements et leurs débouchés ; les droits avaient été sensiblement élevés sur les marchandises provenant de la métropole ou de l'étranger. Cette mauvaise situation économique causa plusieurs séditions où des colons perdirent la vie. Le roi Louis XIV en prononça la dissolution, et en paya les dettes qui étaient considérables. Toutes les îles rentrèrent dans le droit commun, et il fut permis à tous les Français de s'y établir et de commercer. C'était le meilleur moyen d'arranger les affaires des îles ; avec ce nouveau système de gouvernement et de commerce, on pouvait espérer de la prospérité ; mais malheureusement l'état de guerre dans lequel on se trouvait vint y mettre obstacle. La France soutenait une guerre longue et acharnée contre l'Espagne et la Hollande, le fameux Ruyter, amiral hollandais, parut dans les eaux de la Martinique avec une force maritime considérable, composée de quarante-six bâtiments de guerre et de 3000 hommes de débarquement. Il fit opérer un débarquement sur Fort-de-France, le 20 juillet 1674, et les Hollandais s'emparèrent d'une partie de la ville. Cette descente fut vigoureusement repoussée par 150 hommes commandés par M. de Ste-Marthe. L'amiral fut contraint de se rembarquer en désordre en laissant 400 morts sur place, sans compter les noyés et les blessés. Cette action s'explique par une circonstance particulière qui fut fatale aux Hollandais. Au commencement de l'affaire ils s'emparèrent des magasins aux vivres situés au carénage ; les hommes burent tellement de vin et d'eau-de-vie qu'ils s'enivrèrent et ne pouvaient se tenir sur pied. Dans cette situation les troupes de débarquement furent massacrées facilement par le double feu du fort St-Louis et celui de deux bâtiments de guerre embossés à l'entrée du cul-de-sac. La conduite du capitaine de port, Cornette, et celle du capitaine Jeard furent admirées; le marquis de Baas, gouverneur, demanda pour eux des lettres de noblesse.

1685 - Le conseil colonial reçoit l'ordre du roi de faire enregistrer le code noir ou recueil des règlements concernant l'administration de la justice, la police, la discipline et le commerce des nègres dans les colonies françaises.

1690 - La France soutenait la guerre depuis deux ans contre l'Europe en faveur du roi d'Angleterre, Jacques II, attaqué par son gendre Guillaume, prince d'Orange, lorsque le conseil colonial reçut l'ordre du comte de Blenac, gouverneur, d'enregistrer la déclaration de guerre et de faire les préparatifs de défense contre les flottes de l'Angleterre et de la Hollande.

1693 - Le marquis d'Eragny était gouverneur depuis deux ans, lorsqu'une expédition anglaise parut devant la Martinique, le premier avril. Elle était composée de huit vaisseaux de ligne, quatre frégates et huit bâtiments de transport, et commandée par le chevalier Francis Veller. Cette flotte portait 1500 hommes de débarquement, sous le colonel Faulk, qui avait encore sous ses ordres des troupes coloniales formant plusieurs milliers d'hommes. La flotte jeta l'ancre dans la baie de Fort-de-France, le 12 avril, et le colonel Faulk débarqua avec ses troupes pour ravager les environs. Pendant ce temps, le commodore Weller fit un autre débarquement avec 500 marins pour détruire les plantations. Après avoir reçu des renforts, sous le général Codrington, l'expédition prit le parti de tenter de réduire la ville de St-Pierre par un débarquement de troupes. Mais la ville était sur la défensive, et repoussa les Anglais qui laissèrent cinq à six cents morts et trois cents prisonniers. Pendant les opérations de guerre, les habitants, aidés de leurs nègres, rendirent de grands services, en resserrant les anglais dans leurs camps, en enlevant les détachements et les hommes isolés. Après cette guerre qui avait gravement compromis les intérêts de la colonie, à la suite des exactions et du pillage des troupes anglaises, on fut tranquille pendant quelques années et l'on s'estimait heureux d'avoir pu repousser la force par la force.

1697 - Le marquis d'Amblemont est nommé gouverneur et prend possession de son gouvernement, le 14 mars 1697. La guerre continuait ses ravages en Europe sur terre et sur mer; notre marine militaire, trop faible à ce moment pour la lutte, se tenait sur une prudente défensive; mais les corsaires des ports français faisaient éprouver de grandes pertes au commerce anglais. Enfin la paix de Riswick vint mettre un terme aux hostilités, qui duraient depuis plusieurs années, et qui avaient épuisé les puissances belligérantes d'homme et d'argent.

1700 - A partir de cette année, il y eut une suite de plusieurs gouverneurs dont le séjour à la Martinique fut de courte durée, ainsi qu'on va le voir.
Le comte d'Enotz, qui eut le titre de gouverneur général des îles, fut enlevé par la fièvre jaune et remplacé par le commandeur de Gitaut qui mourut bientôt après M. de Machault, nommé gouverneur, le 24 mars 1703, fut plus heureux que ces prédécesseurs, son gouvernement dura huit ans, sans que cette période de temps présente des faits remarquables, malgré l'état de guerre qui avait repris en Europe en 1701. Il fut remplacé par le comte de Philippeau, le 3 janvier 1711, qui mourut vers la fin de 1713. La guerre de succession en Espagne fit éprouver bien des vicissitudes à la France, pendant onze ans qu'elle dura. Ses armées fuient obligées de combattre en Espagne, en Italie et en Allemagne, la coalisation qui s'était formée contre l'avènement de Philippe, duc d'Anjou, à la couronne d'Espagne. L'Angleterre unie à la Hollande, par une haine profonde contre notre influence dans le monde, mit des flottes considérables sur mer qui obtinrent des succès contre notre marine, notamment à Vigo, où les galions envoyés de la Havane se trouvèrent pris avec l'escadre française qui les escortait. Ce fut aussi cette année que les Anglais s'emparèrent de Gibraltar pour ne plus le rendre; mais le gouvernement français eut soin d'envoyer des

forces respectables dans les Antilles pour les protéger.

1705 - Une déclaration aussi humaine que sage fut faite par le gouvernement au sujet des esclaves de nos colonies ayant touché le sol de la France ; dès l'instant où ils déclareraient ne pas vouloir retourner aux colonies, ils jouissaient de leur entière liberté, absolument comme les autres citoyens.

1713 - La paix faite à Utrecht, le 11 avril 1713, ramena le calme et la prospérité dans les îles. Par ce traité, la France perdait au profit de l'Angleterre, Terre-Neuve et la baie d'Hudson.

1714 - Le fils du célèbre Duquesne fut nommé gouverneur, le 7 novembre 1614, et ne resta que trois ans en possession de son gouvernement, sous lequel la colonie fut tranquille.

1715 - Cette année vit mourir le grand roi Louis XIV qui créa la marine militaire et les colonies, et fonda des établissements civils, militaires et maritimes; protégea les sciences, les arts, le commerce et tout ce qui était utile à la France. Ce qu'il y eut d'extraordinaire fut celte réunion de grands hommes, dans tous les genres: Condé, Turenne, Luxembourg, Catinat, Vendôme, Villars, Tourville, Duquesne, Bossuet, Bourdaloue, Fénelon, Corneille, Racine, Boileau, Lafontaine, Pascal, Malbranche, Lesueur, Poussin, Lebrun, Puget et Girardon. Tous ces grands hommes et d'autres illustrèrent le siècle du roi Louis XIV.

1717 - M. de Lavarenne remplace le fils de Duquesne, le 7 janvier 1717. Ce nouveau gouverneur débuta par des actes en opposition avec les intérêts du pays. On ne sait pourquoi, il fit défendre la construction de nouveaux établissements à sucre; sa conduite et celle de l'intendant Ricouart blessèrent si vivement les colons que ceux-ci résolurent d'arrêter ces deux personnages et de les embarquer sur un navire chargé de les reconduire en France. Dans ce but, les principaux habitants s'entendirent pour leur offrir à dîner au bourg du Lamentin, à une distance de 10 kilomètres de Fort-de-France, où devait se passer la scène d'arrestation. Le gouverneur et l'intendant, sans défiance, se rendirent à l'invitation qui leur était faite. Quand ils furent arrivés ils se trouvèrent aussitôt entourés de colons qui se déclarèrent leurs juges, on leur ôta leurs insignes et leurs épées, et, après avoir formulé les griefs qu'on avait contre eux, ils furent embarqués de force sur un navire qui attendait sous voile. Cette hardie entreprise fut si vivement exécutée que les troupes de la ville n'en furent informées que lorsqu'il n'était plus temps pour secourir le gouverneur et son intendant. Les milices de la colonie avaient pris les armes pendant l'exécution du complot. Après le départ de M. de Lavarenne, l'assemblée coloniale nomma M. Dubucq commandant de l'île en attendant que le gouvernement eût statué sur cette grave affaire. Le duc d'Orléans, alors régent de France, accorda une amnistie à ceux qui avaient directement participé au complot. On donna l'ordre au chevalier de

Feuquières, gouverneur de la Guadeloupe, de se rendre à la Martinique pour y exercer la charge de gouverneur général. C'est à cette époque que les droits qui pesaient sur les colonies furent sensiblement diminués. La culture et le commerce prirent de grands développements. L'heureuse situation de la Martinique et la sûreté de ses ports en firent l'entrepôt des marchandises d'Europe et des Antilles. Les îles voisines lui vendaient leurs productions et achetaient les objets manufacturés venant de France. Des navires de toutes les puissances apportaient dans cette île leurs chargements et s'en retournaient chargés de denrées coloniales.

1727 - Il y eut cette année un tremblement de terre très sensible. Il détruisit les cacaotiers qui étaient alors la principale production de l'île. Cette perte fut sensible pour le pays, parce qu'il fallut recommencer les plantations de cet arbre qui ne donne sa première récolte qu'au bout de cinq ans. D'un autre côté, l'arrivée du capitaine Declieux leur promettait un grand avenir ; car il apportait du jardin des plantes le précieux arbuste du caféier qui devait enrichir les cultures des planteurs des Antilles. La traversée fut longue et périlleuse, il fallut mettre les officiers et l'équipage à la ration d'eau, et Dieu sait qu'elle espèce d'eau on a à boire en pareille circonstance ! La chaleur, le mouvement la décomposent deux ou trois fois dans le trajet et il s'y forme des vers répugnants. Declieux aima mieux se priver de sa faible ration d'eau que de laisser périr des arbustes confiés à ses soins par

Jussieux. Cependant, il en perdit deux pieds sur trois. C'est ce pied de caféier, cultivé avec soin par lui, qui produisit à la longue toutes ces riches plantations des îles et du golfe du Mexique. Que de richesse et de bien-être dans ce seul arbuste confié à un homme intelligent ! Honneur donc à cet homme courageux ! Il a bien mérité des hommes des deux mondes ; son nom est digne de figurer à côté de celui de Parmentier qui apporta en France la pomme de terre du Canada. Ces deux hommes ont rendu des services immenses à l'humanité, qui ne devra jamais oublier leur mémoire ; mais, hélas ! y pense-t-on seulement !.... Pendant les dix années de gouvernement du chevalier de Feuquières, l'agriculture et le commerce continuèrent à progresser. La culture du café réussissait parfaitement sous ce climat chaud et humide et s'alliait parfaitement à celle du sucre introduite par Duparquet. Les autres îles s'empressèrent d'imiter la Martinique en demandant à celle-ci des plants de café pour profiter des avantages de cette riche culture.

1728 - Le marquis de Champagny remplaça le chevalier de Feuquières, et prit son gouvernement le 3 février 1728.

1736 - Le commerce des îles avait pris un développement considérable et inconnu jusqu'alors. Dans les documents officiels publiés par le ministre de la marine et dans lesquels il n'est question que de notre île, parce qu'elle représentait le commerce des Antilles françaises, les expéditions coloniales s'élevaient à 16000000 de livres, somme énorme pour le temps, et le transport se faisait par 200 navires.

1739 - Les Anglais, fatigués d'une longue paix, enivrés d'orgueil et d'ambition, pensaient pouvoir enlever facilement quelques colonies aux Espagnols et, dans cette intention, leur déclara la guerre en octobre. Dans cette situation, l'Espagne réclame de la France l'exécution du traité d'alliance qui existait entre les deux nations. Le cardinal Fleury, qui dirigeait les affaires, fut obligé de porter secours aux Espagnols, et c'est ainsi qu'on se trouva engagé de nouveau contre l'Angleterre. Les colons des Antilles se détournèrent des travaux de la paix qui avaient fait leur bonheur pour employer leurs capitaux à l'armement de corsaires. Ils eurent des succès dans les entreprises hasardeuses de la course sur le commerce ennemi ; mais était-ce là un genre de vie raisonnable qui assurât l'avenir des colonies? Il valait mieux rester agriculteur et commerçant que de courir les chances hasardeuses de la course, défendre un sol attaqué par l'ennemi, que de le quitter pour satisfaire le goût des aventures de mer.

VI
La Guadeloupe ne dépend plus de la Martinique

1741 - M. de Caylus est nommé au gouvernement de la Martinique et prend possession de cette place, le 9 mai ; il remplace M. de Champagny qui l'occupait depuis seize ans. La guerre maritime continuait entre l'Espagne et la France d'une part et l'Angleterre de l'autre; la Hollande venait aussi d'entrer en lice à côté de cette puissance ; mais sa grandeur était bien déchue sur terre comme sur mer. Les Anglais firent quelques tentatives d'attaque contre nos colonies des Antilles; mais ils furent toujours repoussés, et quarante corsaires armés à St-Pierre vengèrent sur le commerce britannique les pertes éprouvées par notre marine sur mer. Il y eut de beaux combats partiels qui montrèrent que nos marins n'étaient pas déchus de leur renommée; mais on n'entreprit rien de décisif de part et d'autres dans ces parages. Dans les Indes Orientales, la Bourdonnaie et Dupleix, deux grands hommes mal appréciés par les ministres, relevaient le prestige de notre marine militaire dans le monde. Avec de tels hommes, le succès n'était pas douteux; mais malheureusement ils étaient peu secondés dans leur ardeur par le gouvernement de Louis XV qui ne mettait que des moyens insuffisants à leur disposition. La crainte de l'Angleterre paralysait ce gouvernement incapable de comprendre les intérêts de la nation. La France, outre la guerre maritime contre l'Angleterre et la Hollande, avait aussi à soutenir une guerre continentale avec la Prusse et les petits Etats d'Allemagne contre l'Autriche, gouvernée par Marie- Thérèse. Les puissances belligérantes s'étaient ruinées, elles manquaient d'hommes et d'argent pour continuer les hostilités ; cette situation les contraignit de s'entendre pour traiter de la paix.

Les préliminaires en furent signés à Aix-la-Chapelle, le 30 avril 1748. Les colonies purent dès lors respirer et reprendre leurs travaux d'agriculture, le commerce et la navigation avec les ports de France. Malheureusement cette paix ne fut qu'une trêve, un temps d'arrêt entre la France et l'Angleterre.

1750 - Après six ans de gouvernement, M. de Caylus est remplace par M. de Bompar, le 9 novembre. La France, avec cette vitalité qui lui est propre, se remit promptement des effets désastreux de la guerre qui avait duré neuf ans.

1757 - Après un séjour de sept années à la Martinique, le gouverneur, M. de Bompar, fut remplacé par le marquis de Beauharnais dont le nom devait avoir plus tard un retentissement immense dans le monde, lorsqu'il deviendrait beau-père de l'impératrice Joséphine, femme de l'empereur Napoléon Ier, et grand-père d'Eugène Beauharnais, vice-roi d'Italie. On sait que l'impératrice Joséphine était fille de M. Tascher de la Pagerie, capitaine de port de la marine, et qu'elle est née aux Trois-Ilets de la Martinique. Elle se maria de bonne heure au vicomte de Beauharnais, dont elle devint veuve, et ensuite elle s'unit à Napoléon Ier à qui elle plut par sa beauté, ses grâces et son esprit. Il était nécessaire d'entrer dans quelques détails au sujet du gouverneur de la Martinique, et de rappeler la filiation d'un nom qui a marqué dans le monde. La France, qui avait beaucoup de peine à lutter contre l'Angleterre seule, se jette mal à propos dans une guerre continentale, sous l'influence de celte infâme Pompadour qui appelait Marie-Thérèse d'Autriche son amie ; elle se ligue avec l'Autriche, la Russie et la Saxe contre l'Angleterre, la Prusse et le Hanovre. La France avait obtenu quelques succès sur mer et dans les colonies, mais sur le continent elle fut vaincue à Rosbach où les Français étaient commandés par Soubise, favori de la Pompadour ! Nous avions alors deux terribles adversaires à combattre : William Pitt et Frédéric, roi de Prusse.

1759 - La marine française et les colonies ne furent pas heureuses celte année. On perdit plusieurs combats contre les Anglais, notamment au détroit de Gibraltar et à Belle-Ile. Dans les Antilles, la guerre de corsaire continuait avec des chances diverses, lorsque le gouvernement anglais dirigea une expédition, commandée par John More, contre la Martinique. Elle était composée de douze vaisseaux, six frégates, quatre galiotes et quatre bâtiments de transport portant huit mille hommes de débarquement. Les milices et les troupes de l'île furent réunies, par le gouverneur Beauharnais, au Fort-de-France, auprès duquel les Anglais avaient opéré leur débarquement. Le morne Bourbon avait été retranché et occupé par les Français, mais sans artillerie. Les Anglais dirigèrent contre cette position, la clef de la défense, de fortes colonnes qui furent bravement repoussées par la valeureuse milice du pays et les troupes de garnison. Après ces insuccès, les Anglais se rembarquèrent pour aller attaquer la Guadeloupe dont ils purent s'emparer, faute de secours dirigé à temps.

1762 - Les Anglais, furieux d'avoir échoué dans leur expédition de 1759 contre notre île, y renvoyèrent une nouvelle expédition aux ordres du fameux amiral Rodney, et plus formidable que la première. Elle était composée de dix-huit vaisseaux de ligne, plusieurs frégates et autres bâtiments ayant à bord 14000 hommes de débarquement. Ces forces avaient été réunies à la Barbade, position la plus voisine du but à atteindre. Elle arriva devant la baie Ste-Anne, le 7 janvier 1762, pour y tenter un débarquement qui ne réussit pas. Le 16, le débarquement se fit entre la Pointe-des-Nègres et Case-Pilote ; 12000 hommes marchèrent ensuite à l'attaque du morne Bourbon et celui de Tartenson, hauteurs qui commandent Fort-de- France; et malgré les fortifications de campagne qu'on y avait pu faire, la bravoure des défenseurs, les mornes furent enlevés après une vigoureuse défense. Les troupes anglaises se portèrent ensuite contre Fort-de-France, située au pied de ces mornes, qui n'était plus tenable, et où le gouverneur Levassor de la Touche fut réduit à capituler pour se retirer à St-Pierre. Les Anglais se portèrent à sa suite devant cette ville ouverte et la cernèrent ; la défense étant impossible dans cette situation, il traita de la capitulation, le 12 février pour l'ile entière. La France, en perdant la Martinique et la Guadeloupe, perdait toutes les autres îles des Antilles et se privait du concours d'une population énergique.

1763 - Pendant l'occupation anglaise, ce fut William Rufame qui fut le gouverneur de la Martinique. La paix se lit avec l'Angleterre et fut signée, le 10 février 1763. Le marquis de Fénelon, nommé gouverneur, fut chargé de la reprise de l'île qui eut lieu, le 11 juillet de cette année. Les conditions de la paix furent très dures pour la France, l'Angleterre obtenait tout ce qu'elle désirait: le Canada, l'Acadie, le cap Breton, les îles du St-Laurent, la Louisiane, la Vallée de l'Ohio, la

Grenade, les Grenadines, la Dominique et St-Vincent. Ces deux dernières îles renfermaient les faibles restes de la population caraïbe. On rendait à la France la Martinique et la Guadeloupe ; mais elle cédait le Sénégal à l'Angleterre qui lui permettait de reprendre l'îlot de Corée, rocher stérile, mais ayant une bonne rade. Ces pertes considérables restreignaient notre commerce et fondait la suprématie des intérêts anglais sur les nôtres. C'était humiliant, outrageant pour la France ; on n'avait jamais rien vu de semblable sous la monarchie des Bourbons. L'Espagne, notre alliée, avait perdu l'île de Cuba, elle avait vu sa marine désorganisée, anéantie ; elle avait été aussi malheureuse que nous dans cette guerre ; mais on lui rendit Cuba ; les Anglais conservèrent les Florides enlevées sur l'Espagne.

Jusqu'ici, le gouvernement et l'administration de la Guadeloupe dépendaient du gouverneur de la Martinique; après la paix, il n'en fut plus ainsi, chacune de ces îles fut gouvernée et administrée séparément. Cette dépendance de la Guadeloupe lui avait été onéreuse ; les rapports avec la France et les autres pays étaient presque nuls à cause de l'obligation où elle était d'envoyer ses denrées sur les marchés de la Martinique et d'y acheter tous les objets de consommation dont elle avait besoin. Cette situation avait été motivée par la nécessité de la défense commune et par la possession de la Dominique, placée comme un trait d'union entre les deux îles ; mais du moment que cette dernière île appartient aux Anglais, la défense commune ne peut plus avoir lieu ; il est donc juste de laisser la Guadeloupe indépendante de la Martinique. Cet ordre de choses réduisit cette dernière île à ses propres ressources ; les produits de l'ile ne chargèrent plus que cent-vingt bâtiments du commerce dont la valeur donnait quinze à seize millions par an.

VII
Proclamation de la liberté des Noirs

1793 - En France, l'Assemblée législative avait convoqué la Convention pour le 21 septembre 1792. Aussitôt qu'elle fut formée, elle abolit la royauté, proclame la république et s'empare de tous les pouvoirs. Un despotisme affreux succède à un pouvoir constitutionnel régulier. Trois partis courbaient la France sous ce détestable régime : la Convention, la commune de Paris et le club des Jacobins. L'Assemblée était partagée entre deux camps : les Girondins et les Montagnards. Les premiers étaient des hommes de talent, mais manquant d'énergie ; les seconds, à défaut de talent, puisaient leur force dans la commune de Paris et le club des Jacobins. L'horrible Marat et le sanguinaire Robespierre étaient à la tête de ce parti, qui soulevait le flot des mauvaises passions du peuple, en prêchant une égalité de biens impossible à réaliser. La Montagne songea à immoler le roi Louis XVI, par haine de la royauté, il fut condamné à mort par la Convention, et exécuté le 21 janvier 1793 ! Il y eut un autre roi qui péri de la même manière : Charles Ier, roi d'Angleterre !.... Aussitôt que ce grand événement fut connu, la Vendée s'insurge et l'Europe entière déclare la guerre à la France ; la Convention, dans cette crise extrême, crée, à l'aide de Carnot, quatorze armées, avec des assignats sans valeur, pour résister aux nombreux ennemis qui attaquent la France de tous côtés ; elle décrète la mort contre les prêtres et les émigrés, et crée ce terrible Comité de salut public, qui fut la terreur de la France. Les Montagnards voulaient la mort des Girondins; une multitude soudoyée se présente, le 2 juin, à la Convention en demandant la mise hors la loi de 22 députés. Les proscrits périrent presque tous, mais ils furent vengés plus tard par une femme, Charlotte Corday, qui immola l'ignoble Marat. Le gouvernement révolutionnaire fut organisé pour maîtriser la France entière, et la placer sous la surveillance du Comité de salut public. Dès lors Robespierre et ses séides régnaient sans obstacles, c'était une dictature complète qui marchait vers un but effrayant : la guillotine parcourait la Franco, et les prisons regorgeaient de prisonniers. Tout ce qui résistait était écrasé sans pitié ni merci ; c'était le fanatisme révolutionnaire poussé à sa plus haute puissance. Des insurrections ont lieu sous cette étreinte intolérable, la Montagne fait face à tout pour soutenir son pouvoir. On lutta ainsi avec l'Europe sans argent, sans habits, presque sans pain ; mais avec une énergie de fer. Après cet exposé succinct de la situation en France, il faut reprendre la suite des événements de la Martinique. Le général Rochambeau, que l'on a laissé à St-Domingue fut prévenu de ce qui s'était passé dans cette île, et du départ du général de Béhague ; il se remit promptement en mer pour revenir. En prenant le gouvernement, il supprime le pouvoir exécutif composé de cinq personnes et rétablit une assemblée coloniale avec un directoire, conformément à ses instructions. Par suite de ces changements politiques, beaucoup de créoles qui avaient émigré dans les îles voisines reprirent confiance et rentrèrent dans leurs foyers. Cependant ces bonnes mesures ne produisirent pas d'effet sur les partisans fanatiques des Bourbons ; car non-seulement ils tirent opposition à ce nouveau gouvernement, mais encore ils se réunissaient en armes dans l'intérieur de l'île et notamment à St-Pierre où ils se mirent en révolte ouverte.

Le gouverneur résolut alors de frapper un grand coup sur cette ville remuante et peu patriotique. À cet effet, il forme deux colonnes de troupe, prend le commandement de l'une et confie le commandement de l'autre au général St-Cyran; ces deux colonnes marchent à la rencontre des rebelles et les réduisent à merci. Après cette courte expédition, il se passa un fait comme on en voyait trop souvent alors : le général St-Cyran fut dénoncé comme aristocrate pour avoir sauvé quelques malheureux créoles ; il est saisi, traduit devant un conseil de guerre et condamné à être fusillé. Le jugement reçut son exécution des mains de ses propres soldats. La Convention ne faisait point de grâce à ceux qui se permettaient d'en faire!... On commençait à se remettre des émotions produites par les événements rapportés ci-dessus, lorsque l'on fut informé qu'une escadre anglaise rôdait autour de l'île pour y faire une descente. Elle avait noué des intrigues avec le parti royaliste, qui devait seconder ses opérations Cette escadre était commandée par l'amiral Gardner ; elle débarqua 1500 hommes près de la ville de St-Pierre où ils furent renforcés par 500 créoles. Une attaque fut formée contre cette ville et repoussée par Rochambeau avec ses troupes. Les Anglais, dégoûtés par l'insuccès, se rembarquèrent et les traîtres colons qui s'étaient joints à eux se dispersèrent de tous côtés.

Depuis trois ans, la situation des colonies était déplorable, l'anarchie régnait partout par suite des fautes commises par les colons et des mesures prises par les assemblées de France. Par exemple. St-Domingue, dont le revenu était de 200 millions avant la Révolution, était tombé dans une profonde misère, par l'effet de la guerre civile entre les différentes races. Les nègres de cette île étaient en pleine révolte; ils étaient très-animés contre les planteurs, et paraissaient vouloir leur destruction. Pour eux la liberté était un mot vide de sens ; ils se disaient les nègres du roi et s'annonçaient comme des vengeurs : ils portaient la cocarde blanche et se laissaient diriger par des prêtres et des espagnols, qui les encourageaient à la révolte. Les planteurs de St-Domingue avaient concouru pour leur part à cette triste situation, par le projet ridicule de vouloir se rendre indépendants de la mère patrie. L'assemblée coloniale de St-Marc a joué un rôle actif dans cette mauvaise voie ; car pour arriver à son but, elle ne reculait devant aucun moyen. Ainsi, elle était accusée de vouloir séduire le peuple, les fonctionnaires, les militaires et les marins par des promesses de terres données gratuitement. Il existait bien des colons attachés à la mère patrie, mais en petit nombre. Telle était la situation de cette belle colonie, naguère si opulente par ses productions et son commerce et qui, à cette époque, était dévorée par la misère et ta guerre civile; malheureusement cette situation se répétait dans les autres colonies, sur une plus petite échelle, il est vrai, mais dans des conditions économiques et politiques semblables. En France, la Convention nationale, craignant que l'Angleterre ne voulut profiter de la guerre civile des colonies pour s'en emparer, rendit un décret, le 5 mars, dans lequel elle déclare que toutes les colonies sont en état de guerre ; que les administrations civiles et militaires sont tenues d'obéir aux commissaires de la Convention, et que toutes les personnes libres sont autorisées à se réunir en compagnies et légion pour défendre l'ordre, la liberté et le territoire contre les ennemis. Le pouvoir des gouverneurs passa donc de leurs mains dans celles des commissaires de la Convention, c'était un remède impuissant pour calmer les esprits en révolte. St-Dommingue, en vue duquel était fait le décret, devait être perdu pour la France et par la faute des blancs.

1794 - Au commencement de l'année, la terreur redouble ses fureurs à Paris et dans les départements ; elle frappe même sans pitié ses partisans, tels que Danton et Hébert. Ce n'était pas encore assez pour Robespierre, qui fit présenter par Couthon un décret qui mettait la France entière sous le couteau de Fouquier-Tainville, en supprimant les défenseurs Mais des divisions, des haines germaient parmi ces hommes de sang : Robespierre marchait à sa perte à son insu. Le neuf thermidor, la séance à la Convention fut orageuse et décisive : elle mérite d'être rapportée. St-Just, séide de Robespierre, voulut parler, Tallien l'interrompt avec violence. Billaud attaque ensuite Robespierre, qui veut s'élancer à la tribune ; alors les cris de: à bas le tyran ! à bas le tyran ! couvrent sa voix, Tallien, un poignard à la main le menace, on vote son arrestation à l'unanimité avec celle de Couthon et de St-Just. Ils se laissèrent emmener en disant : «la République est perdue. » Cependant les Jacobins, dont il était le président, et la commune le firent délivrer avec ses acolytes. On s'insurge contre la Convention ; mais Barras commande la force armée, qui est victorieuse à l'aide de la garde nationale. Les membres de la commune sont mis hors La loi ; il était minuit quand on pénètre dans la salle des délibérations. Robespierre se fracasse la mâchoire d'un coup de pistolet; Lebas se tue; Robespierre jeune saute un troisième étage sans se tuer; St-Just attend avec calme; Couthon se cache sous une table, et Coffinal jette Henriot dans un égout. Le lendemain une foule immense accompagne ces hommes au supplice. La France pouvait respirer. Les armes de la République avaient-du succès; Carnot avait essayé la guerre par grandes masses en poussant Pichegru dans le Nord pour envahir la Flandre ; tandis que Jourdan, avec L'armée de la Moselle, prenait les Autrichiens en flanc en remontant vers Dinant, et gagnait la bataille de Fleurus. Hoche s'emparait de l'espace entre Rhin et Moselle. D'un autre côté, Dugommier, le créole, et Moncey refoulaient les Espagnols hors des frontières. On le voit, la France a La guerre civile et la guerre étrangère à soutenir ; la situation est à peu près la même dans les colonies où les partis sont en lutte par haine de race, et elles sont menacées par les Hottes de l'Angleterre. Le général Rochambeau était parvenu à remettre un peu d'ordre dans La situation de la Martinique. Depuis son arrivée, ce vaillant homme de guerre imposait par son caractère ferme et conciliant ; il voulait la paix intérieure et le bon ordre. Ce calme ne devait pas durer longtemps ; les Anglais qui avaient été chassés l'année dernière méditaient de reprendre une revanche avec des forces considérables. En effet, une escadre anglaise fut signalée au large dès Le mois de janvier; elle arrivait d'Angleterre, sa force était de 31 bâtiments de guerre, six chaloupes canonnières et 6000 hommes de débarquement; elle était commandée par sir John Jervis. Les troupes étaient sous les ordres de sir Grey. Le débarquement eut lieu à la Trinité dont on avait retiré la garnison qui n'aurait pu tenir contre des forces aussi considérables.

On avait organisé un corps de mulâtres chargé de la défense d'un fort, et commandé par Bellegarde qui fut obligé de se retirer dans l'intérieur après un engagement. Le 10 janvier, le corps de Hellegarde eut une seconde affaire plus sérieuse où il fut battu et obligé de se retirer sur le fort Bourbon. Après ces succès, les Anglais se rendirent maîtres de plusieurs points, et débarquèrent une autre division à l'anse des Trois-Rivières, d'où elle se porta au mont Mathurine qui commande l'ilet à Ramiers, rocher fortifié, dont la garnison se rendit après une forte canonnade où elle eut 15 hommes tués et 25 blessés. L'ennemi y prit 17 canons, 14 mortiers et quantité de munitions. Cet échec était grave, parce qu'il ouvrait la rade de Fort-de-France à la flotte anglaise. L'amiral anglais en profita pour y pénétrer, le 14 janvier, et y jeter l'ancre. On débarqua des troupes qui donnèrent ensuite la main à celles venant de la Trinité. Une autre attaque fut dirigée contre la ville de St-Pierre par le général Grey, le 16 janvier, la garnison l'abandonna le 17, et les Anglais y tirent aussitôt leur entrée. Le 18 janvier, Bellegarde avec ses mulâtres eut une autre affaire avec les Anglais ; il tenta de couper la ligne de communication entre les corps débarqués et la flotte; l'idée était bonne, mais il aurait fallu disposer de plus grandes forces que les siennes; poussé de tous cotés, il s'était retiré sur une montagne avec 300 des siens où il fut contraint de se rendre. Le siège de Fort-de-France était devenu imminent depuis le débarquement des Anglais ; on se prépara d'avance, par des approvisionnements et des travaux à résister le plus longtemps possible. Les forts Saint- Louis et Bourbon qui défendent la ville, le premier du côté de la mer et l'autre du côté de la campagne, furent mis dans le meilleur état possible de défense. Le 20 février, la ville et les forts furent étroitement bloqués par l'ennemi qui exécuta des travaux d'approche dans lesquels il plaça des batteries pour battre le fort Bourbon, qui est la clef de la position ; car il commande, par sa position élevée, la ville et l'autre fort. Le général Rochambeau et sa garnison se défendirent vaillamment ; mais les pertes qu'on éprouvait journellement et le manque de vivres, l'obligèrent à capituler au bout d'un mois et deux jours de tranchée ouverte. La garnison obtint les honneurs de la guerre et son passage en France. Le général Rochambeau demanda à se rendre aux Etats-Unis, mais il fut envoyé en Angleterre comme prisonnier de guerre. On rendit à leurs maîtres les esclaves qui avaient été enrôlés sous les ordres de l'un d'eux qui se nommait l'Enclume. La colonie conservait le Code civil et le système judiciaire. Le conseil colonial fut rétabli ainsi que toutes les anciennes prérogatives. Enfin les Anglais furent bien accueillis des habitants, à cause de la crainte de la Convention sur la liberté des esclaves. Les Anglais n'oublièrent pas de se faire honneur de leur triomphe, car le 17 avril les drapeaux pris à la Martinique furent portés en grande pompe à St-Paul, à Londres, en présence d'une grande foule, avide de voir des drapeaux français. Après la prise de possession de l'île, le général anglais, Prescott, en fut nommé gouverneur. Il invita poliment les habitants à nommer des commissaires pour répartir La contribution de guerre entre les propriétaires de la colonie. Cette proclamation n'ayant pas été suivie d'effets, une autre plus sévère fut publiée, le 20 mai, ordonnant une répartition ; et, faute de s'y conformer, il prévient qu'il ordonnera une confiscation générale des biens. Il faut convenir que les habitants avaient à faire à des ingrats, qui les récompensaient mal du bon accueil qu'on leur avait fait. Malgré ce fait brutal, M. de Ste-Croix, dans sa statistique, dit que : « les colons de « la Martinique pourraient s'avouer ingrats s'ils oubliaient les bienfaits qu'ils ont reçus par l'occupation des armes britanniques. » Pendant ce temps, il se passait à la Convention un débat d'une portée immense pour la population esclave. Le commissaire de la Convention Santonax, de retour de St-Domingue, fait, le 4 février, un discours sur les événements qui s'étaient passés dans celte colonie pendant son séjour. Il conjure l'assemblée de faire jouir pleinement de la liberté et de l'égalité la population esclave, en décrétant l'abolition de l'esclavage sur le territoire de la République. Il déclare que c'est le seul moyen d'empêcher la guerre civile et de défendre nos colonies contre les Anglais qui les convoitent. Sans donner à Santonax le temps d'achever son discours, les représentants votent d'enthousiasme l'abolition de l'esclavage et font tomber ainsi les chaînes des mains de plus d'un million de noirs ! Deux députés de couleur qui se trouvaient à la séance sont embrassés par tous les représentants, qui les félicitent à l'occasion d'un événement aussi mémorable, par la consécration d'un grand principe ! Hélas ! quel fruit la France a-t-elle retiré d'un aussi grand sacrifice? Aucun.

VIII
La Martinique sous occupation anglaise

1802. Pendant huit ans que dura l'occupation anglaise, toutes les communications furent interrompues avec la France. On connaissait bien les principaux changements survenus dans l'état politique de notre pays qui avait acquis une grandeur inconnue jusqu'alors, et c'était avec avidité qu'on prenait connaissance de tous les détails qui le concernaient ; car, si les rapports matériels avaient été brisés par la conquête, il n'en était pas de même du lien moral qui relie les sentiments d'un pays éloigné et opprimé avec la mère patrie. On apprit enfin que la France avait un grand homme à sa tête, et que l'Europe fatiguée de tant de guerres, de tant de sang répandu, s'était décidée à entrer en arrangement avec la France en faisant la paix à Lunéville, tandis que l'Angleterre traitait à Amiens.

Par le traité de paix, du 25 mars 1801, l'Angleterre nous rendait une partie de nos colonies dans lesquelles se trouvaient comprises la Martinique, la Guadeloupe et ses dépendances, faisant partie des petites Antilles. Quant à St-Domingue, l'une des grandes Antilles, il fallait la conquérir de vive force, si on voulait qu'elle redevint colonie française. Toussaint-Louverture en était le chef et il n'était pas disposé, non plus que ses noirs, à aliéner leur liberté au profit de leurs anciens maîtres. Le premier consul y envoya 20000 hommes avec le général Leclerc, son beau-frère ; l'expédition eut d'abord du succès, mais la fièvre jaune vint décimer les soldats ; les trois quarts perdirent la vie, le reste rentra en France, et St-Domingue fut encore une fois perdu pour nous. Pendant le temps que la Martinique fut occupée par les Anglais, les habitants reprirent des habitudes d'ordre et de travail, qu'ils n'auraient jamais dû abandonner ; mais leurs efforts dans la culture étaient mal récompensés, parce qu'on les obligeait d'envoyer leurs produits en Angleterre où ils se trouvaient exposés à une concurrence ruineuse par des tarifs de douane qui ne pesaient pas sur les similaires anglais. Les créoles allaient enfin voir ces fiers Anglais quitter leur île; le caractère retenu et froid de ces hommes aimant à dominer les autres, ne leur avait pas acquis les sympathies des gens du pays. Au contraire, ils étaient heureux de penser que bientôt ils reprendraient des relations trop longtemps interrompues avec la France, et pourraient vivre sans contrainte sous des lois et une administration équitables. En effet, l'escadre qui devait en reprendre possession au nom de la France, arriva dans la baie de Fort-de-France, vers la fin de septembre, portant le nouveau gouverneur, M. Villaret-Joyeuse, avec le titre de capitaine général. Il lui fut fait une très-belle réception par la population ; le gouverneur anglais, sir Keppel, fut affable pour le capitaine général et poli pour son état-major, et quelques jours après on ne vit plus les Anglais qui s'étaient rembarqués sur leurs vaisseaux. Pendant que les Anglais étaient maîtres de la Martinique, de 1794 à 1802, il y eut en France divers changements politiques qui en amenèrent aussi dans l'administration des colonies, et qu'il est utile de mentionner. La constitution de l'an III soumit les colonies à la même loi constitutionnelle que la France, elles furent comme elle divisées en départements. Le gouvernement voulant statuer sur le régime qu'il fallait leur donner, fit adopter une nouvelle loi, le 12 nivose an VI, qui réglait leur administration politique, administrative et judiciaire. Après le traité d'Amiens, il y eut de nouveaux changements : la traite des noirs et l'esclavage qui avaient été supprimés par la Constituante, le 4 février 1794, furent rétablis et la loi du 30 floréal an X prescrivait que les colonies seraient soumises pendant dix ans à des règlements faits par le gouvernement de la métropole, et des dispositions créent une nouvelle organisation pour régler l'action du gouvernement colonial, l'administration et la justice. En conséquence, il y eut pour chaque colonie un capitaine général, exerçant le pouvoir attribué aux anciens gouverneurs, un préfet colonial, chargé de l'administration, et un grand juge ayant la surveillance des tribunaux. De plus, les lois de France étaient applicables dans ces pays ; mais le capitaine général pouvait surseoir à leur exécution dans des cas extraordinaires. Après l'embarquement des Anglais, on reconnut que tous les services du gouvernement étaient à reconstituer : l'administration intérieure, la justice, les finances, les travaux d'utilité publique aussi bien que la force armée ; tout cela était à refaire dans l'intérêt du pays et de la nouvelle administration qui avait le désir de se faire accepter par la population comme un bienfait, et voulait fermer les plaies de la guerre.

1803 - Le traité de paix d'Amiens fut éludé par la France et par l'Angleterre, ce qui amena la rupture de la paix, le 13 mai 1803. C'était un calcul de la part des Anglais qui commencèrent les hostilités sur mer même avant que leur ambassadeur eut quitté Paris. Leur formidable marine se rendit bientôt maîtresse de toutes les mers et de nos navires marchands qui naviguaient sur la foi des traités. La France de son côté s'en vengeait en autorisant sa marine marchande à s'armer en course dans le but de faire le plus de mal possible au commerce ennemi.

1804 - L'élévation au trône du premier consul produisit aux colonies un enthousiasme général. On augurait bien d'un règne qui donnait la gloire, encourageait les talents et remplaçait le chaos révolutionnaire par la lumière et l'ordre dans la société. A cette époque, la haine produite par la conduite de l'Angleterre à notre égard était à son comble, et l'on espérait que le génie de Napoléon saurait bien trouver les moyens et l'occasion de nous venger de cette nation. Dans ce but, il rassemble des flottes et une armée à Boulogne pour envahir l'Angleterre qui sut parer le coup en formant une coalition contre nous. L'Autriche et la Russie qui en firent partie furent vaincues ; mais l'Angleterre resta intacte dans son île et maîtresse de la mer. La France se trouvant lancée dans les guerres du continent ne pouvait penser à reprendre l'œuvre de l'invasion en Angleterre.

1805 - Depuis la reprise des hostilités, les Anglais avaient établi de nombreuses croisières autour des îles françaises pour empêcher les communications avec l'Europe et le commerce maritime, lorsqu'on vit dans le mois de février les bâtiments qui bloquaient nos côtes se retirer successivement, et bientôt apparut une escadre française d'expédition, commandée par le contre-amiral de Missiessy. Cette escadre était composée d'un vaisseau à trois ponts, de quatre vaisseaux de 74 canons, de trois frégates et de deux corvettes, ayant à bord huit mille hommes de troupes commandées par le général Lagrange; elle était partie de l'île d'Aix, le 11 janvier 1805. Les instructions de l'amiral lui prescrivaient d'aller attendre pendant 35 jours l'escadre de Toulon, et d'employer ce temps à ravitailler nos deux colonies.

Il devrait aussi porter le ravage dans celles de l'Angleterre et accabler sa marine dans ces parages. A l'arrivée de l'escadre à la Martinique, le 20 février 1805, l'amiral se concerta avec le capitaine général Villaret sur la direction à donner aux expéditions à faire contre les îles anglaises. Le lendemain il remit à la voile pour la Dominique qu'on voulait tenter d'enlever pour servir de trait d'union entre la Martinique et la Guadeloupe.

On fit une descente sur deux points, à droite et à gauche de la ville du Roseau, chef-lieu de l'île, et une troisième au Nord-Ouest de l'île que le calme qui survint lit manquer. Les Anglais furent dispersés de toutes parts, le général Prévost, gouverneur, se sauva dans le fort Rupers où ses troupes se réfugièrent après une perte de 200 hommes. La position dominante de ce fort ne permettant pas une attaque de vivre force, on somma les Anglais de se rendre, ce qu'ils refusèrent d'exécuter. Alors le général Lagrange donna l'ordre d'évacuer l'île ; mais avant l'on désarma la milice et l'on rançonna les habitants. L'escadre se porta ensuite sur Nièvre et Mont-Serrat ; ces deux îles furent prises et abandonnées de la même manière que la Dominique.

L'escadre de Missiessy se rendit ensuite à St-Christophe, ce berceau de la colonisation des Antilles, où 400 hommes débarquèrent pour s'emparer du chef-lieu appelé la Basse-Terre et des deux forts qui la flanquent ; mais les Anglais se retirèrent dans le fort Brestowne-Hill, position élevée et forte, qui aurait exigée un siège régulier que l'on ne voulait pas entreprendre. Des calmes survinrent pendant plusieurs jours empêchant toute navigation, et par conséquent tout mouvement sur d'autres îles anglaises. L'escadre retourna à la Martinique où elle arriva, le 16 mars 1805, pour y déposer les troupes et les munitions destinées à cette île. Le brick le *Palinure* apporta des dépêches à l'amiral, lui prescrivant d'effectuer son retour en France à cause de la rentrée de l'escadre de Toulon commandée par l'amiral Villeneuve qui avait manqué sa jonction aux Antilles avec Missessy. L'escadre se rendit à la Guadeloupe avant son départ pour y déposer des troupes et du matériel; puis elle mit le cap sur Santo Dominigo, afin d'offrir quelques secours à une poignée de français qui défendait cette ville, sous les ordres du général Ferrand, et qui se trouvait dans une grande détresse.

La ville, peu fortifiée, se trouvait assiégée depuis 24 jours par une multitude de nègres qui la serraient de très-près pendant que les Anglais, leurs alliés, la bloquaient par mer. Les bâtiments anglais prirent chasse, en voyant l'escadre arriver, et les nègres levèrent le siège. Le général Ferrand reçu des secours en hommes et en munitions pour prolonger la défense, et l'escadre prit ensuite la route d'Europe. Après une campagne laborieuse de cinq mois, pendant laquelle cette escadre eut la gloire d'humilier le pavillon britannique, d'être utile aux colonies françaises, de faire de nombreuses et riches prises, de mettre en défaut les forces anglaises qui attendaient l'escadre au passage, elle rentre à Rochefort sans avoir éprouvé aucune perte ; on est heureux de pouvoir rappeler une conduite aussi habile que dévouée de la part des chefs et des marins. Les croisières ennemies reparurent autour de nos côtes après le départ de l'escadre de Missiessy ; mais elles furent bientôt obligées de se cacher dans leurs ports, une seconde fois, dès quelles eurent connaissance de l'arrivée d'une forte escadre combinée, composée de 14 vaisseaux français *et* 6 espagnols, 8 frégates et 4 corvettes sous les ordres de l'amiral Villeneuve, qui arriva à la Martinique, le 20 mai 1805. L'Espagne avait gardé la neutralité pendant la guerre ; mais en 1804, l'acte de piraterie le plus honteux la décide à la guerre contre l'Angleterre, voici comment : un convoi escorté de 4 frégates espagnoles et chargé de vingt millions de francs est attaqué et pris au Vigo en pleine paix et au mépris du droit des gens. L'apparition de l'escadre de Villeneuve dans les Antilles, avait pour but de diviser les forces anglaises en les attirant en Amérique ; cette escadre devait ensuite revenir en Europe pour rallier les divisions françaises et espagnoles des ports de l'Océan, afin de débloquer 22 vaisseaux à Brest pour assurer à la flottille de Boulogne les moyens de traverser la Manche.

L'exécution de ce vaste plan, simple dans sa conception, compliqué dans son exécution, était confié à Décès, ministre de la marine. Pendant son ministère, il sut toujours écarter des grands commandements les marins illustres dont il jalousait la renommée, et ce fut à cette odieuse jalousie que l'Angleterre dus ses succès et nos désastres. Le choix de Villeneuve fut désastreux pour les intérêts de la France. Pendant son séjour aux Antilles il avait une escadre de 20 vaisseaux et 12 frégates ou corvettes, ayant à bord 8000 hommes de troupes commandées par Lauriston, aide-de-camp de l'Empereur Napoléon. Eh bien ! l'on ne sait par quel motif, il resta durant 15 jours immobile sur ses ancres, dans la rade de Fort-de-France, sans employer un armement aussi formidable contre un ennemi impitoyable. Pendant ce temps, une foule de navires anglais fuyait l'archipel des îles dans leur effroi et leur impuissance, pour ne pas tomber dans les mains de la marine française. Secouant enfin son apathie funeste, Villeneuve appareilla le *4* juin 1805, et le 8 il prit un convoi de 14 voiles marchandes chargées de denrées coloniales ; le lendemain il eût connaissance de l'arrivée de Nelson à la Barbade venant à sa poursuite à la tête de 11 vaisseaux seulement. L'occasion était magnifique pour lui, pour la France : commander 20 vaisseaux contre onze ! C'était une gloire certaine, il n'avait que quelques mots à dire à ses équipages impatients de vaincre ou de mourir pour la grandeur de notre patrie. Il ne sentit pas vibrer cette fibre du cœur qui inspire les nobles actions, il préféra le calcul froid de la prudence en donnant l'ordre du départ pour l'Europe où l'amiral anglais courut pour le joindre et le vaincre à Trafalgar avec des forces supérieures! L'amiral Villaret, capitaine général de la Martinique, désolé de l'inaction de Villeneuve s'écria ! «Je donnerais dix ans de ma vie pour commander l'escadre de Villeneuve pendant seulement deux jours pour aller détruire Nelson, le plus redoutable ennemi de la marine française.» C'était le cri de la conscience d'un homme de cœur qui voyait avec tristesse le choix funeste fait par le ministre Decrès, d'un homme incapable de soutenir honorablement les intérêts de son pays.

1809 - L'Empereur Napoléon avait vaincu déjà à cette époque plusieurs coalitions suscitées contre l'Empire français par la haine de l'Angleterre, et qui, par représailles, avait amené le système du blocus continental. Pour s'en venger elle entoura l'Europe de ses flottes, en cherchant en même temps partout des ennemis et toutes les occasions de nous nuire. Dans cette disposition d'hostilité, elle s'entendit avec les espagnols qu'une mauvaise politique avait irrites contre nous. Elle cherchait aussi à s'emparer du peu colonies qui nous restait encore, et, dans ce but, elle voulut commencer par la Martinique où l'on prétend qu'elle avait pratiqué des intrigues avec quelques individus. Un armement considérable fut préparé à la Jamaïque pour s'emparer de cette île. Elle parut dans les eaux de la Martinique dans le courant de janvier, portant 5000 hommes do débarquement, de l'artillerie et quelque peu de cavalerie ; l'amiral Cochrane, très connu alors, en avait le commandement. Les Anglais commencèrent par se rendre maîtres de la ville de St-Pierre et de la Trinité, puis ils investirent par mer et par terre Fort-de-France, le fort Si- Louis et le fort Bourbon. L'amiral Villaret Joyeuse s'était retiré dans ce dernier fort, comme offrant une résistance plus efficace et de plus longue durée. Au bout de quelques jours, les ennemis étaient parvenus à établir autour du fort des ouvrages d'attaque et des batteries faisant un feu violent qui endommageait les défenses de la place.

Le magasin à poudre, situé dans l'un des bastions, reçut sur sa voûte un certain nombre de bombes qui le lézardèrent et l'endommagèrent au point de faire craindre de le voir sauter en l'air sous l'effort de nouveaux chocs. Cette situation de la place étant grave, le conseil de défense fut réuni et conclut à la reddition. Alors le gouverneur proposa aux Anglais de se rendre avec les honneurs de la guerre, et avec la condition que la garnison serait reconduite en France pour être échangée homme pour homme Ces conditions ayant été acceptées, la reddition eut lieu le 24 février. Les Français furent embarqués au nombre de 2224 hommes sur les bâtiments anglais qui les transportèrent à Quiberon où l'échange devait se faire ; mais le gouvernement du premier empire ne voulut pas reconnaître la capitulation et les malheureux officiers et soldats, après avoir fait leur devoir en soutenant un siège, furent considérés par les Anglais comme prisonniers de guerre et conduits sur les pontons de Plymouth, pour y périr d'ennuis et de maladies. Après la prise de possession par les Anglais, les habitants conservèrent leurs propriétés, leurs formes administratives et judiciaires, et comme vaincus ils furent astreints à payer les frais de la guerre.

1814 - La France, après avoir fait des guerres de conquêtes pour asservir les peuples à sa domination en Espagne, en Allemagne et en Russie, fut, à son tour, vaincue chez elle par l'Europe entière, et par la faute de Napoléon Ier, qui ne sut pas modérer une ambition fatale, en conservant à la France une position acquise au prix de son sang et de ses trésor. Ce grand homme aurait pu rendre son pays heureux par les sciences, les arts et la liberté ; c'eût été le complément de la transformation sociale de 1789 ; mais il ne trouvait pas sans doute que cette gloire valait l'autre, il préféra, à tort, l'éclat dos conquêtes, et à son tour, il fut vaincu. Les puissances alliées après s'être emparées de Paris, forcent Napoléon Ier à abdiquer et placent Louis XVIII sur le trône de France, en lui imposant des conditions humiliantes et ruineuses pour notre pays.

D'après les conditions de paix, du 30 mai 1814, la France rentre dans les limites du 1er janvier 1792. L'Angleterre consent à rendre Bourbon, la Guyane, Pondichéry et quelques comptoirs de l'Inde, la Guadeloupe, la Martinique et les pêcheries de Terre- Neuve; mais cette puissance retenait dans les Antilles Tobago et Ste-Lucie, dans l'Inde l'île de France, qu'elle appelait l'île Maurice.

Par ce traité de paix, la traite des noirs était défendue, les deux gouvernements s'engageaient à la réprimer par le moyen de leur marine militaire. C'était un commencement d'intérêt en faveur des noirs esclaves, en attendant 1848. Une ordonnance royale nomme, le 13 juillet 1814, le comte Vaugiraud gouverneur de la Martinique; le chevalier Dubuc, intendant de la colonie ; le baron Barthe, commandant en second et le colonel de Malherbe, commandant le régiment de la Martinique. Une expédition de deux frégates fut envoyée dans celle île pour en reprendre possession; mais le gouverneur, sir Wale, major général, n'ayant pas reçu d'ordres de son gouvernement pour remettre la Martinique, il fallut attendre cinq mois dans cette position, pour recevoir du cabinet de Londres, l'ordre nécessaire au gouverneur anglais, afin que la remise pût se faire. Enfin, après bien des lenteurs, les Anglais quittèrent définitivement ce pays, le 9 décembre 1814. A cette époque, tous nos établissements se trouvaient dans l'état le plus fâcheux:

administration, justice, finances, force publique, bâtiments civils et militaires, tout était à recréer, les Anglais avaient jugé à propos de laisser tous les services en souffrance. Le gouvernement de France, croyant faire le bonheur des habitants par des changements pris dans es vieux usages, supprime les cours d'appel et les tribunaux de première instance pour les remplacer par des dénominations qui existaient en 1789. Ainsi, il fut créé pour chaque colonie un Conseil supérieur et des sénéchaussées qui furent installées avec pompe, le 12 décembre, à la Martinique. A cette occasion, des discours furent prononcés, pour expliquer ces changements, par le comte de Vaugiraud, gouverneur, l'intendant Dubuc et le procureur général Lepeltier-Destournelles, et dans lesquels s'exhalait un royalisme très pur. Ils ne faisaient d'ailleurs qu'exprimer les idées politiques du temps, ayant cours dans le pays; les planteurs avait vu avec satisfaction la rentrée des Bourbons pour gouverner la France. Quant au parti opposé, qu'on appelait bonapartiste ou Jacobins, il est vrai que sa position était triste, on ne le ménageait guère; au contraire, toutes les occasions étaient bonnes pour l'humilier et lui faire sentir son impuissance.

1815 - Lorsqu'on eût connaissance des événements survenus en France par le débarquement de Napoléon à Fréjus et son arrivée à Paris, il survint ici des événements intéressants à connaître. D'abord le parti des Bourbons fut dans la consternation en voyant l'audacieuse tentative de l'Empereur, et la majorité des troupes disposée à reconnaître son gouvernement. Mais le comte de Vaugiraud, homme froid et énergique, se mit franchement en travers du mouvement. C'est dans cet esprit qu'il vit les troupes, leur parla pour les engager à rester fidèles aux Bourbons ; il y en eut une partie qui consentit à ses désirs, mais le plus grand nombre voulait servir l'Empereur. Dans cette position difficile, le gouverneur s'entendit avec sir James Leith, commandant les forces britanniques dans les îles anglaises, pour en obtenir un corps de troupes, qui, arrivant inopinément, le 5 juin, pût désarmer les troupes françaises, à l'exception de 450 hommes, qui s'étaient prononcés pour le parti des Bourbons. Après ce désarmement, les soldats du 62e de ligne restèrent fidèles à leurs sentiments à l'égard de Napoléon, malgré de nouvelles représentations du gouverneur et du colonel de Labarthe pour les ramener à leurs idées. Quelques jours après ils furent embarqués au nombre de cinq à six cents et conduit à Plymouth, comme prisonniers de guerre, au lieu d'être dirigés sur un port français, ainsi que cela était convenu ; le respect des traités était lettre morte à cette époque. Une convention avait été passée entre le général Leith et le gouverneur, aux termes de laquelle la souveraineté de l'île était conservée au roi Louis XVIII, et les troupes anglaises devaient agir comme auxiliaires. Toute tentative pour arborer le drapeau tricolore devait être réprimée par les armes. Les troupes anglaises furent chargées de faire le service de garde à Fort-de-France, et les français restés fidèles, à Saint-Pierre. Le comte de Vaugiraud avait été nommé gouverneur général des îles par le roi, et, en cette qualité, il devait veiller aussi à ce que la Guadeloupe fut maintenue dans son parti; mais les sentiments des colons de cette île n'étaient pas favorables aux Bourbons. A la Guadeloupe on aimait la Révolution et l'on délestait sincèrement les Anglais : c'étaient des obstacles invincibles contre lesquels il devait échouer, et il échoua. Le contre amiral Linois, gouverneur de cette île, fut forcé de reconnaître le gouvernement de Napoléon par l'effet de l'entraînement des troupes et des habitants, il lui aurait été impossible d'arrêter ce mouvement dont l'impulsion était si prononcée; lui et le colonel Boyer ne pouvait que se mettre à la tête du parti qui venait de se prononcer à la Pointe-à-Pitre, comme à la Basse-Terre; c'est ce qu'ils firent tous deux. Le bâtiment de l'Etat, *l'Agile,* goélette de guerre, était parti de Cherbourg avec des dépêches du ministre de la marine Decrès pour les autorités des îles, il était allé d'abord à la Guadeloupe remplir sa mission, et vint se présenter à Fort-de-France ensuite: mais le gouverneur de Vaugiraud, sachant que l'arrivée de ce bâtiment à la Guadeloupe avait été une des causes de la défection de cette île, fit saisir la goélette, les officiers et l'équipage ; tous les hommes furent conduits en prison, sans qu'il permît aucune communication avec qui que ce fût. Plus tard ce même gouverneur, satisfait de l'esprit des habitants, de la situation générale sous le rapport de la tranquillité, fit embarquer son aide-de-camp, le capitaine Delhomme, pour l'Europe, le 13 juillet, chargé de présenter un rapport au roi pour lui rendre compte des événements qui s'étaient passés depuis plusieurs mois, et en même temps pour lui faire connaître que les milices étaient bien armées, pleines d'enthousiasme pour la bonne cause et que les habitants étaient heureux sous la protection des forces britanniques appelées pour conserver l'île au gouvernement du roi. Le Conseil supérieur, voulant prouver sa satisfaction et son estime au comte de Vaugiraud, pour sa manière de gouverner, lui présenta en corps une adresse, le 18 juillet 1875 dans laquelle il exprime sa reconnaissance et celle de la colonie pour les sages mesures qu'il a prises et qui ont sauvé l'île de l'anarchie. Il adresse aussi à l'intendant Dubuc l'expression de sa satisfaction et celle de la colonie pour tout ce qu'il a fait dans les moments difficiles où s'est trouvée son administration. Ainsi, tout était pour le mieux dans le meilleur des mondes, il y avait satisfaction générale partout. Mais ce n'était pas fini : le comte de Maupeou, député de la Martinique, présente au roi, le 10 novembre 1815, une autre adresse du Conseil supérieur de la colonie dans laquelle il est dit que la France a gémi sous la tyrannie et le despotisme militaire, et que les colons, au contraire, ont joui de la paix et de la tranquillité, grâce à la sagesse des représentants de S. M. et aux secours d'un allié généreux, ils ont pu repousser loin d'eux la trahison et le désordre.

1816 - La Martinique et la Guadeloupe ayant été bouleversées à plusieurs reprises par des guerres, des révoltes et l'occupation étrangère, se trouvaient dans une situation financière qui était loin d'être brillante. Jusqu'ici la métropole était venue peu à leur secours pour les aider à couvrir leurs dépenses; ces deux colonies avaient vécu comme elles avaient pu, en prenant de l'argent là où il y en avait : on s'était emparé des fonds de cautionnement, de succession et d'autres, la misère des temps y obligeait; c'était leur excuse. Quant aux impositions qui pesaient sur l'intérieur des colonies, elles consistaient dans les maisons imposées et l'impôt de capitation par tête de nègre. Il était grand temps de modifier ce gênant système d'impositions : aussi le ministre de la marine.

M. Dubouchage, proposa aux Chambres de 1816 d'accorder six millions à répartir entre les colonies, qui serait uniquement employés à diminuer le tarif de douane, dans le but de faire diminuer le prix des denrées coloniales, afin d'en favoriser la production et la consommation. En même temps qu'on donnait des facilités au commerce national, on frappait le commerce étranger dans les importations et les exportions de marchandises. Ainsi le gouverneur fit publier, le 14 mars 1816, une proclamation renfermant des restrictions applicables aux navires étrangers, ceux venant d'Angleterre excepté, à causes des services rendus par cette nation aux Bourbons ; ces mesures devaient porter naturellement des fruits en favorisant la production, le commerce et la consommation. Le gouverneur de Vaugiraud, voyant l'autorité de son gouvernement affermi, avait négocié l'évacuation des troupes anglaises qui quittèrent l'île en avril 1816. An milieu de toutes ces occupations économiques et autres concernant le pays, une cérémonie imposante se fit à Fort-de-France, le 14 septembre 1816, à l'occasion de l'envoi du buste du roi Louis XVIII, qui fut apporté par le vaisseau le *Foudroyant,* commandé par le capitaine Desrotours. Le comte de Vaugiraud profita de cette occasion pour faire éclater de nouveau son attachement au gouvernement du roi, en donnant à la réception de ce buste tout l'apparat possible, et en prononçant un discours plein d'enthousiasme pour la personne du monarque et sa politique de paix. Les habitants s'associèrent à cette cérémonie pour répondre au désir du gouverneur et exprimer leurs sentiments politiques. Malgré le triomphe du gouvernement de la Restauration en France et dans les colonies, les habitants étaient divisés en deux partis : les royalistes et les bonapartistes que leurs adversaires appelaient aussi Jacobins; les premiers avaient leurs partisans dans les nobles, les planteurs, les employés de l'Etat et les prêtres ; les bonapartistes se trouvaient dans la classe moyenne et le peuple. Mais la présence des troupes anglaises et la sévérité du gouverneur obligeaient les bonapartistes à une prudente réserve : aucune entreprise n'était possible pour soutenir une opinion libérale contre les royalistes qui disposaient de tout. Pendant leur séjour à la Martinique, les Anglais avaient démantelé le fort Bourbon ; les murs en avaient été minés et des explosions avaient jetés des blocs, de maçonnerie dans les fossés pour les combler ; c'est ainsi qu'ils se disaient les alliés du gouvernement légitime, en détruisant une forteresse qui pouvait nuire à leurs desseins cachés. Ils pensaient aussi que la France reculerait devant la dépense nécessaire pour rétablir un fort qui avait coûté plusieurs millions à construire.

IX

Les gens de couleur obtiennent les droits politiques.

Par ordonnance du 14 août 1830, le contre-amiral Dupotet est nommé gouverneur, en remplacement du contre-amiral Frescinet, nommé en 1829, lequel a demandé à quitter ce commandement.

Le gouverneur Dupotet, pour fusionner les gens de couleur libres avec les blancs et les attacher à la cause de l'ordre, rendit un arrêté qui leur accordait une position sociale égale à celle des blancs. Cet arrêté, du 12 novembre 1830, faisait disparaître les règlements locaux dont la plupart étaient tombés en désuétude. Pendant ce temps, il avait été décidé par ordonnance du nouveau roi que les députés des colonies, près le ministre de la marine, cesseraient leurs fonctions, et qu'à l'avenir ils seront nommés directement par les Conseils généraux. Le Conseil général de la Martinique, voulant faire connaître ses sentiments au roi Louis-Philippe, vote une adresse, dans sa séance du 7 novembre 1830, où l'on remarque le passage suivant : «Sire, les colons osent implorer la protection de V. M. Placés dans une position toute spéciale, leur « premier besoin est l'ordre public. Rien ne saura mieux le conserver que cette sage lenteur qui répare sans secousse, qui doit reconstruire sans violence et sans danger pour l'Etat.»

1831 - Les noirs de la Martinique s'agitent pour devenir libres. Ils se réunissent et se concertent pour agir contre l'ordre existant. C'est à St-Pierre qu'aboutissent tous les fils de la conspiration, où se trouvent les chefs du mouvement. Qu'on se figure une ville de 25000 habitants à l'époque, contenant à peu près 15000 noirs, 6000 hommes de couleur et 4000 blancs. On voit de suite, d'après cette proportion, la position critique des blancs; mais fort heureusement les gens de couleur eurent la raison, le patriotisme de comprendre que l'intérêt du pays voulait qu'ils fussent unis aux blancs, et c'est ce qu'ils firent au moment du danger. On leur doit cette justice qu'ils prêtèrent un loyal concours à l'autorité. A cette époque, le gouvernement de l'île était confié à un homme de tête et de cœur, le contre-amiral Dupotet, qui sut, dans ces moments difficiles, s'attirer l'estime et la sympathie des gens de bien, et prendre des mesures pour préserver la colonie de l'incendie et de la dévastation. Il commença par faire publier que, vu les circonstances, l'état de siège était déclaré. Contre une population d'esclaves de 78000 âmes disposés à s'insurger, il fallait calculer les moyens de résistances; or, avec 6000 hommes environ de milice et 2000 hommes de garnison, on ne pouvait guère s'endormir; c'est pourquoi il lit appel aux esclaves mêmes pour en former des compagnies supplémentaires de milice, en leur promettant la liberté s'ils se conduisaient bien, et 2000 se rangèrent sous le drapeau de l'ordre. Dans la nuit du 9 au 10 février, les esclaves de St-Pierre, réunis en grand nombre à ceux des habitations des environs, se ruèrent sur la ville où ils mirent le feu à plusieurs endroits, ainsi qu'à une douzaine d'habitations de la banlieue; dans cette échauffourée plusieurs maisons furent l'objet de leur haine particulière, surtout celle de M. de Périnelle. Pour augmenter le désordre, ils incendièrent aussi les champs de cannes à sucre, qui brûlent si facilement, et par ce moyen, ces forcenés produisirent un vaste incendie. Mais le zèle et le dévouement des milices blanches et de couleur, de la garnison, des marins de l'Etat et du commerce, parvinrent à préserver la ville d'une destruction totale. Les esclaves, voyant l'efficacité des mesures prises, se dispersent de toutes parts, et ceux qui sont pris implorent la générosité des blancs.

Le gouverneur décide que les esclaves faits prisonniers dans cette révolte seront livrés aux tribunaux ordinaires; et des détachements de milice de couleur habitués au pays et des chasseurs de montagnes, parcourent l'intérieur de l'île pour rassurer les planteurs, et arrêter les esclaves en état de vagabondage. Dans cette affaire, 300 esclaves furent arrêtés, mais quelques jours après 300 furent rendus à la liberté. Il était juste de récompenser ceux qui avaient pris du service dans la milice et qui s'étaient fait remarquer dans l'incendie de St-Pierre, le gouverneur accorda 73 libérations de ce chef, par arrêté du 19 février ; puis une demande fut adressée au Ministre de la marine pour en libérer un plus grand nombre par mesure d'exemple, de philanthropie et d'humanité. Il fallait montrer à cette classe déshéritée que ceux qui se montreraient dignes de la liberté pourraient l'obtenir, soit en servant l'Etat, soit en servant leurs maîtres convenablement. A l'occasion de la libération accordée par le gouvernement de la métropole, un arrêté fut pris, le 4 décembre 1831, digne d'être rapporté:

«Nous, gouverneur de la Martinique, Voulant récompenser par le bienfait de l'affranchissement les individus qui se sont rendus dignes, soit par leur service dans la milice, soit par leur dévouement à leurs maîtres, ainsi que les individus porteurs de titres non ratifiés, et ceux des patronnés qui ont fait preuve de bonne volonté;

Avons arrêté ce qui suit : Les individus servant dans les milices pour obtenir leur liberté; ceux qui sont porteurs de titres non ratifiés ainsi que les autres individus dont les noms sont compris dans les états qui suivent, sont déclarés libres et affranchis de toute servitude. »

Sur ces états, il y avait 1769 noms d'esclaves, et en y joignant ceux déjà libérés précédemment, on trouve un total de 2370 pour l'année 1831.

Cependant des esclaves ayant participé aux troubles étaient parvenus à se réfugier dans les îles voisines, qu'ils quittèrent pour venir à Ste-Anne soulever les ateliers d'esclaves de ce quartier; le gouverneur, voulant prévenir la suite de ce mouvement, prit un arrêté par lequel il était accordé une prime de 200 francs à celui qui arrêterait un noir esclave en fuite; et si celui qui aura arrêté un esclave n'est pas libre, la liberté lui sera acquise par ce fait. A la fin de mars, la tranquillité était revenue, l'instruction judiciaire se poursuivait, et il résultait des preuves acquises que le complot avait été conçu et exécuté par les esclaves de la ville de St-Pierre. Le nouveau règne devait amener une politique large et libérale en France et dans les colonies, il était logique d'effacer autant que possible les traces d'un passé où l'on avait attaqué l'ancien ordre de choses ; en conséquence, et sur l'ordre du gouvernement de la métropole, le gouverneur Dupotet promulgue la libération des peines prononcées en 1824 par la Cour royale de la Martinique contre les hommes de couleur. Il en fut de même pour ceux, qui avaient été condamnés par le Conseil spécial à la déportation. Ainsi, les hommes de couleur de ces deux catégories purent rentrer dans leurs foyers et à leur tête se trouvait Bisette.

1832 - Le gouverneur Dupotet, usant de ses pouvoirs à l'occasion de la fête du roi Louis-Philippe, le 1er mai 1832, accorde des concessions de liberté à 824 individus signalés pour leur conduite régulière. C'était faire un bon usage de son autorité que d'appeler ainsi de bons sujets à la liberté ; c'était surtout d'un bon exemple pour les autres esclaves que de leur montrer la marche que le gouvernement entendait suivre dans l'avenir. Pour donner plus de précision aux formalités à remplir dans les concessions d'affranchissement, une ordonnance parut, le 12 juillet 1832, signée de l'amiral de Rigny, ministre, établissant la marche à suivre en pareil circonstance.

1833 - C'est une époque où l'on cherche à mettre les institutions en harmonie avec les principes libéraux de l'époque ; mais malheureusement cela se fait de pièces et de morceaux, au lieu d'un ensemble régulier qu'il serait facile à étudier et à comprendre dans un même travail. Le ministre de la marine, de Rigny, propose au roi, le 14 juillet 1833, la formation d'une Commission judiciaire permanente, près le département de la marine, pour connaître la conduite de certains fonctionnaires, et notamment ceux de l'ordre judiciaire employés aux colonies, qui préféreraient venir en France en rendre compte au ministre que d'être déférés au Conseil privé. Le département de la marine a toujours été investi du pouvoir sur toutes les colonies qui ont été régies jusqu'ici par ordonnances; mais, après la révolution de 1830, il fallut céder à l'opinion publique et aux chambres qui voulaient participer à leur législation; ces pays eux-mêmes demandaient aussi à être appelés à donner leur opinion sur des sujets qui les concernaient particulièrement. Ces causes motivèrent la loi du 24 avril 1833 sur le régime législatif colonial. On donne ci-après une analyse suffisante pour connaître l'économie de cette loi :

1) Le Conseil général est remplacé par un Conseil colonial. Les lois qui seront faites se rapporteront aux lois civiles et criminelles concernant les personnes libres, les lois spéciales pour les personnes non libres, les cas où la peine capitale est applicable, les lois sur le commerce, le régime des douanes, l'organisation administrative, l'organisation judiciaire, les droits politiques, la répression de la traite et toutes les lois que le gouvernement jugera nécessaire d'établir pour régler les relations entre la métropole et les colonies. 2) Il sera statué par ordonnance, les colonies entendues, savoir: les concessions d'affranchissement, les droits de legs, la presse, l'instruction publique, l'organisation du service des milices, les recensements, les améliorations à introduire dans la condition des personnes non libres, les pénalités applicables à cette classe, et le régime des habitations. 3) Seront proposés par le gouverneur au Conseil colonial : les projets et décrets coloniaux sur les matières non comprises dans les articles 1 et 2. Le gouverneur nomme un ou plusieurs commissaires pour soutenir les

discussions des projets de décrets présentés au Conseil colonial. 4) Le Conseil colonial donne son avis sur les dépenses de garde et de protection concernant le service militaire à la charge de l'Etat. Il détermine l'assiette et la répartition de l'impôt ; il vote le budget des recettes et dépenses du service intérieur, excepté le traitement du gouverneur ; les dépenses du personnel de la justice et des douanes sont fixées par le gouvernement. Les décrets adoptés par le Conseil colonial ne peuvent être exécutés que provisoirement, ils ne seront définitifs qu'après avoir reçu la sanction du roi. Le Conseil colonial peut émettre un vœu soit par une adresse au roi, soit par un mémoire au gouverneur, suivant le cas, des matières mentionnées ci-dessus. 5) Le gouverneur rend des décisions pour régler les matières d'administration et de police et pour l'exécution des lois et ordonnances publiées dans la colonie. Il convoque le Conseil colonial, il le proroge' et peut le dissoudre; mais dans ce dernier cas il doit en convoquer un nouveau dans un délai de cinq mois ; il assiste aux séances d'ouverture et de fermeture. 6) Le Conseil colonial sera de 30 membres pour la Martinique et la Guadeloupe; les membres seront élus pour cinq ans par les collèges électoraux, leurs fonctions seront gratuites. 7) Le gouverneur peut convoquer extraordinairement le Conseil colonial; il ne peut s'assembler qu'à l'époque et dans les lieux indiqués par le gouverneur, il ne peut délibérer que lorsqu'il se trouve en nombre suffisant; les délibérations du Conseil auront lieu à huis clos; mais l'extrait des procès-verbaux des séances sera imprimé et publié à La fin de chaque session. Chaque membre du Conseil prêtera serment. 8) Le Conseil colonial nomme les deux délégués près le gouvernement du roi et fixera leur traite-nient; ils seront nommés pour 5 ans. La Martinique et la Guadeloupe auront deux délégués pour chacune des deux îles. Tout Français peut être choisi pour délégué, s'il est âgé de 30 ans et s'il jouit de ses droits civils et politiques; 9) Pour être électeur, il faut être âgé de 25 ans, né dans la colonie ou y être domicilié depuis deux ans, jouir de ses droits civils et politiques, payer une contribution directe de 300 fr., ou justifier d'une propriété de 30000 fr. Pour être élu membre du Conseil colonial, il faut être âgé de 30 ans et payer une contribution directe de 600 fr., ou posséder une propriété de 60000 fr. En donnant ces garanties constitutionnelles, une autre loi, rendue le même jour, était promulguée pour faire admettre, sans distinction de couleur, toute personne de condition libre à la jouissance des droits politiques, sous la condition prescrite par les lois En résumant ces dispositions remarquables sur la législation coloniale, on doit remarquer une tendance à concilier le régime exceptionnel des colonies avec le droit commun existant en France. Cette tâche, quoique morcelée, a été remplie par le gouvernement, les Chambres législatives, le

Conseil d'Etat, les législatures coloniales cl les délégués des colonies; il est juste aussi de citer l'habile ministre de la marine, M. de Rigny. Il parut encore différentes ordonnances relatives au régime colonial, leur importance étant secondaire, on n'en parlera pas. La guerre civile existait en Colombie depuis quelques temps; les résidents étrangers n'étaient plus en sûreté à Carthagène; M. Barrot, notre consul, et le consul anglais avaient été forcés de fuir pour mettre leurs personnes en sûreté. Le gouvernement voulant protéger nos intérêts et nos nationaux, ordonne de rassembler à la Martinique des bâtiments de guerre pour aller bloquer Carthagène. L'amiral Makau se rendit à la Martinique dans le mois de décembre, sur *l'Atalante,* pour commander l'expédition. Il s'occupa, aussitôt son arrivée, de rassembler un personnel et un matériel convenables pour bloquer ce port de mer. Les Anglais, qui avaient les mêmes motifs que nous de faire cette expédition, réunirent leurs bâtiments aux nôtres pour se présenter ensemble avec des forces imposantes.

X

Tremblements de terre

Dans ce pays extraordinaire, tout est étrange. Il y a des convulsions de la nature qui se produisent souvent sans s'annoncer par aucun indice et frappent par leur soudaineté et leur puissance : tels sont les tremblements de terre, les ouragans et les raz de marée.

Les premiers mois de l'année 1839 sont ordinairement paisibles ; c'est une époque de calme dans la nature pendant laquelle elle semble renaître ainsi que l'homme, par l'effet d'une température moins brûlante et moins énervantes; c'est rarement l'époque des maladies inhérentes au climat, et dans cette situation l'on ne pouvait s'attendre à une catastrophe comme celle arrivée le 11 janvier. Il ne faisait pas encore complètement jour, il était cinq heures trois quarts du matin, la plupart des habitants de Fort-de-France étaient encore plongés dans le sommeil, quand ils furent brusquement réveillés par plusieurs secousses de tremblement : en quelques secondes, moins d'une minute, la ville était détruite et une partie des habitants étaient ensevelis sous ses ruines. Le vaste hôpital, pouvant contenir 400 malades, avait subi le même sort ; il avait écrasé ses malades en tombant sur eux. Les casernes, les magasins, le gouvernement étaient ouverts menaçant ruines, malgré l'épaisseur de leurs murailles. C'était un lugubre spectacle de voir, au point du jour, cette ville perdue dans une immense atmosphère de poussière noire, d'où s'élevaient des cris de terreur et de désolation; cette ville détruite ne pourra jamais se relever, si la France n'étend vers elle une main secourante. La ville de St-Pierre a beaucoup souffert aussi, mais la plus grande partie de ses maisons sont restées debout. Le tremblement de terre a été général : les habitants des campagnes ont aussi beaucoup souffert; les fours, les usines, les moulins sont presque partout renversés, ce qui compromet la récolte des sucres, car partout l'argent manque et les matériaux de construction sont hors de prix. A Fort-de-France, 500 marins et autant de soldats de la garnison sont venus, officiers en tête, travailler à déblayer les rues, à faire des tentes pour abriter les habitants. En déblayant, on trouve à chaque instant des corps morts. Un service d'ambulance a été créé et plusieurs centaines de morts ont été enterrés avant la nuit. Comme l'on manquait de tout, le gouverneur a fait demander des vivres dans la campagne, et il a pris un arrêté pour ouvrir les ports à l'introduction en franchise de droits, des vivres et des matériaux de construction. Dans la nuit du 12 au 13, les habitants effrayés par un grand vent et une pluie diluvienne, ressentirent encore de légères secousses de tremblement de terre; ils se pressèrent sur les places où l'on avait dressé des tentes avec les voiles des navires pour s'abriter.

Cependant, le 14 janvier, les habitants commençaient à sortir de leur stupeur et à s'occuper du travail du déblaiement effectué jusqu'alors par les marins et les soldats; et les vivres demandés dans les campagnes commençaient d'arriver en ville. Le gouverneur, contre-amiral de Moges, fait remettre une somme de 12000 fr. au bureau de bienfaisance pour subvenir aux premiers besoins d'une foule d'individus sans vêtements et sans argent ayant absolument tout perdu. La position de cette population naguère dans l'aisance est affreuse, et l'on cherchait vainement de tous côtés des secours qui ne pouvaient venir que de la mère patrie. La stupeur, une sorte d'engourdissement des facultés morales, s'étaient emparé des habitants qui restaient inertes et sans mouvement; il fallut une énergique proclamation du Maire pour les tirer de leur abattement et les engager au travail, s'ils ne préféraient être envahis par les mauvaises odeurs et la peste. Le gouverneur s'empressa de faire parvenir à l'amiral de Rosamel, Ministre de la marine, le récit de la catastrophe, et de demander des secours; la colonie réduite à une si grande misère ne pouvait acquitter les impôts de l'année courante, et il fallait pourvoir à un budget de deux millions pour le service intérieur. Quant à la question des sucres, il était évident que le moment du dégrèvement était arrivé ou jamais. Le roi Louis-Philippe et ses ministres, sous l'impression de cette douloureuse nouvelle, décident qu'une somme de 2 millions 200 mille francs sera mise à la disposition de la colonie, et des souscriptions s'organisent de toutes parts en France pour secourir tant d'infortunes. Lorsque la France apprit le malheureux sinistre de la Martinique, la surprise fut grande et la compassion plus grande encore! Tout commandait de venir au secours d'un malheur immérité. Il s'organise aussitôt un comité central de souscription auquel d'autres comités s'adjoignirent pour recueillir les sommes qui étaient offertes de toutes parts. Le comité central était composé de notabilités et présidé par l'amiral Duperré. Messieurs Ch. Dupin, président du comité des colonies, et Cools, membre de ce comité, en faisaient partie ainsi que les vice-amiraux Halgan et Makau. Dans les départements, des souscriptions furent ouvertes et les receveurs généraux étaient chargés d'en faire parvenir le montant au comité central de Paris. Une solennité eut lieu à St-Roch, le lundi-saint, à laquelle assista la reine de France, avec les dames de sa famille et de sa suite. Le curé de cette paroisse, M. l'abbé Olivier et les dames patronnesses, la duchesse Decaze, la baronne Ch. Dupin, la baronne Makau et Madame Delessert Gabrielle en prirent la direction. Un sermon fut prononcé touchant la charité, cette céleste vertu qui vient toujours au secours des hommes malheureux quand on l'implore. Dans cette réunion religieuse il y eut des femmes assez généreuses pour donner tout leur argent, et même des anneaux, des chaînes d'or; et la quête produisit 28766 fr. En dehors de cette somme, la famille royale avait donné à elle seule 27600 fr. Bientôt on put envoyer un premier secours de 50000 fr. par le navire le *Zampa,* provenant des premières souscriptions. Cette somme fut remise au capitaine Patin, commandant ce navire, qui n'a rien voulu accepter pour sa commission et le fret de transport. D'après les listes de souscription publiées le 8 juin, par le comité central de souscriptions à Paris, le montant des listes était de 267311 fr., sans compter les autres listes formées par d'autres comités. Plusieurs expositions de tableaux, d'objets d'art eurent lieu à Paris, dans l'intention d'en consacrer les recettes aux infortunés de la Martinique. Maintenant on va voir les mesures prises par le contre-amiral de Moges, gouverneur, pour parer aux inconvénients de la situation. Le gouvernement devait se charger naturellement de relever les édifices publics, les églises, les casernes, les hôpitaux qui tombaient en ruines. Les souscriptions devaient aider une foule de familles qui avaient tout perdu par l'anéantissement du toit domestique et la destruction du mobilier. C'était la classe la plus nécessiteuse qu'il s'agissait de secourir, celle dans laquelle se trouvaient les veuves et les orphelins. Le gouverneur rend deux arrêtés, sous la date du 14 mai, qui ont pour objet les fonds à distribuer. Dans le premier arrêté, il est dit que dans chaque ville et chaque commune, il sera formé une commission composée du maire ou du commissaire commandant, du premier adjoint ou du lieutenant du commissaire, du curé de la paroisse et de quatre habitants les plus imposés pour dresser l'état nominatif des personnes devant être secourues à titre de victimes sans ressources. Le deuxième arrêté était fait en vue de la ville de Fort-Royal, aujourd'hui Fort-de-France. Le conseil municipal devait se réunir à l'effet de procéder à la confection des états de répartition de secours qui doivent être accordés aux personnes victimes du désastre. Le curé de la paroisse faisait partie de cette commission aussi bien que les membres du bureau de bienfaisance. Les fonds de secours, destinés autant que possible à réparer les désastres du 11 janvier, étaient considérés comme un secours spécial et d'humanité, et par conséquent insaisissables, et devaient être remis entre les mains des titulaires dûment désignés. Le lendemain, 15 mai, le gouverneur fait un nouvel arrêté qui permet l'exportation des sucres à l'étranger par tous pavillons : cet arrêté, qui arrivait si tardivement, avait l'approbation du gouvernement de la métropole et apportait un adoucissement à la situation des colons; mais cette autorisation n'était que temporaire, une ordonnance du roi la fit cesser en juin. Toutes ces précautions prises par le gouverneur font honneur à son intelligence et à son activité. Les secours en argent arrivaient de France, la répartition se faisait suivant de sages et justes prescriptions; mais la reconstruction des maisons ne pouvait aller vite, les ouvriers en bâtiments- sont rares, le prix de la main-d'oeuvre et plus élevé qu'en France, et les ressources étaient relativement inférieures aux besoins de la population. Cependant on commençait à s'organiser dans cette situation difficile, lorsque la fièvre jaune vint à reparaître dans les mois de mai et juin ; rien n'aura manqué aux malheureux martiniquais, les tremblements de terre d'abord et la peste ensuite. Le capitaine de vaisseau damier, commandant la frégate *l'Astrée,* fut l'une des victimes du fléau le 13 mai; il est mort de celte redoutable maladie en 48 heures seulement. Une ordonnance du roi, en date du 11 juin 1839, prescrit un recensement général de la population libre et esclave. On devra établir des registres contenant la matricule individuelle des esclaves recensés dans la commune, au moyen desquels on puisse suivre et constater les mutations de celle population. Par suite de cette mesure, il sera facile de constater la naissance, le mariage et le décès d'un esclave. Une autre ordonnance du roi du même jour, modifie les ordonnances sur les affranchissements du 1er mars 1831 et du 12 juillet 1832, sous l'empire desquelles il a été opéré 34000 affranchissements d'individus. Mais des abus s'étant produits, et la moralité des individus jetés dans la société, n'étant pas satisfaisante, cette ordonnance a pour but d'y remédier en rendant les conditions d'affranchissements plus difficiles. Les dures épreuves n'étaient pas terminées pour ce malheureux pays qui avait déjà tant souffert, car le tremblement du 11 janvier avait coûté la vie à 500 personnes, tant à Fort-de-France qu'à Case-Pilote, et en outre 300 personnes avaient été blessées ou contusionnées.

Dans la nuit du 1er au 2 août, à 2 heures 27 minutes du matin, trois fortes secousses se font sentir et ont duré environ 15 secondes. Le mouvement de trépidation a été brusque et saccadé; il s'est fait sentir dans plusieurs directions. L'alarme fut grande partout: à Fort-de-France plusieurs murs ont été renversés et il y a eu quelques blessés. Toute la population s'est jetée dans les rues et sur les places. À St-Pierre, il y a eu peu de mal; mais la crainte était telle qu'une panique s'est manifestée à la caserne. Les soldats voulant sortir en foule par les portes et les escaliers se ruèrent les uns sur les autres; il y eut 15 hommes blessés ou contusionnés. Dans le court espace de six mois, voilà deux tremblements de terre qui ont lieu et d'une violence étrange. Sans vouloir en rechercher les causes, on peut constater l'état météorologique du moment : ainsi, une sécheresse continuelle, les vents du Sud dominants et une température lourde et chaude ont précédé le tremblement de terre. Après, la pluie s'est mise à tomber à torrent, le ciel était bas, couvert, et l'on éprouvait une chaleur insupportable. Mais la mauvaise fortune ne pouvait toujours appesantir sa main terrible sur ce pays intéressant; de bonnes nouvelles et des fonds étaient envoyés de France, et le contre-amiral de Moges en lit connaître le montant et la répartition par un arrêté du 23 juillet 1839. Les fonds de secours accordés par le roi, la famille royale et les particuliers, soit Français soit étrangers, s'élevaient à la somme de 1100000 francs, et l'on savait que ce chiffre serait dépassé. Alors le gouverneur ordonne la distribution de cette somme, savoir : 700000 francs pour la ville de Fort-de-France et 400000 francs pour les autres communes, avec une réserve de 100000 francs pour les églises. Une autre somme devait être aussi réservée pour encourager l'instruction religieuse et les diverses branches de l'agriculture. Ces mesures ne pouvaient satisfaire tous les besoins créés par l'événement du 11 janvier, mais les colons éprouvaient la satisfaction morale de voir que la mère patrie avait voulu sympathiser avec ses enfants de la Martinique, en venant à leur secours. Une autre source de consolation provenait, à l'époque du mois de septembre, de l'amélioration de l'état sanitaire : la fièvre jaune avait disparu. Le 3 octobre, un épisode intéressant se passa à St-Pierre, qui est le port du commerce, comme l'on sait. Un navire du Havre venait d'arriver avec une inscription singulière à son mat de hunier, portant ces mots: ordonnance de dégrèvement, 12 fr. Les négociants de la place Bertin connurent bientôt le mot de l'énigme; il s'agissait du dégrèvement sur les sucres, que *l'Evelina* du Havre était chargé d'annoncer. Cette nouvelle était de nature à satisfaire les planteurs et les négociants, aussi ce fut une joie dans tous le pays.

L'ordonnance du roi, du 21 août 1839, fut lue publiquement dans les villes et applaudie par la population. Sans vouloir entrer ici dans la législation sur les sucres, il était du devoir du gouvernement d'apporter un soulagement à une position vraiment intolérable, et il était fâcheux que dans la situation du pays, la métropole n'ait pas accordé le dégrèvement de 20 fr. par 100 kilo demandé par le Conseil colonial, dans sa séance d'ouverture de 1838. Un dégrèvement de 13,20 fr. était insuffisant, sur une taxe de 49,50 fr. pour 100 kilo, quand le sucre de betterave ne payait, pour la même quantité, que 25fr de taxe, et que les sucres étrangers étaient admis en concurrence avec une surtaxe insuffisante. Le Conseil colonial, interprète des sentiments de ses concitoyens, vote une adresse au roi Louis-Philippe, le 21 novembre 1839, pour le remercier d'être venu au secours d'un pays désolé par une catastrophe effroyable, et en même temps pour s'être ému de la situation malheureuse du colon, qui est découragé de voir qu'il ne trouve plus le prix rémunérateur de ses récoltes et de ses travaux ; et, pour avoir, par un heureux usage de sa prérogative, prononcé le dégrèvement sur les sucres. Cette mesure insuffisante ne pourra rendre au pays sa prospérité ; mais elle permettra d'attendre l'égalité de l'impôt du sucre de canne et du sucre de betterave.

1840 - La ville de Fort-de-France se rebâtissait assez rapidement, on la voyait sortir de ses ruines, mais avec un aspect nouveau, parce qu'on employait généralement des matériaux en bois à sa reconstruction, ce qui était moins coûteux et offrait moins d'inconvénient que les constructions en pierre, en cas de nouveaux tremblements de terre. L'hôpital, que l'on rebâtissait aussi en bois, se relevait lentement à cause de la rareté des ouvriers et des matériaux. Une société d'agriculture et d'économie rurale s'était formée en vue de lutter contre le découragement provenant des souffrances de l'industrie agricole. Elle s'était imposé l'obligation de développer les ressources naturelles du pays par l'introduction de découvertes industrielles susceptibles d'application. Elle cherche aussi à diriger vers la culture des terres les goûts et les habitudes des nouveaux affranchis auxquels elle prépare ainsi des éléments de bien être. La société a choisi pour son président M. Pécoul, agronome distingué, que l'on sait apte à donner une bonne direction à tout ce qui peut servir les intérêts du pays. M. le contre-amiral de Moges, dont la santé avait été affectée par l'influence du climat, demande au ministre de la marine à être remplacé dans son gouvernement, et le capitaine de vaisseau Duvald'Ailly est nommé gouverneur de la Martinique, par ordonnance du roi en date du 10 mars 1840. Il annonce son avènement à ces fonctions par une proclamation aux colons, et s'exprime en ces termes : «Avant de me mettre en rapport avec vous, j'ai voulu vous laisser recevoir les adieux de l'amiral de Moges qui vous quitte, et qui vient de diriger ici pendant plus de deux ans vos affaires avec tant de succès, d'habileté et de dévouement. Vous avez tous été témoin de sa fermeté et de ses efforts en votre faveur dans les circonstances très-difficiles qui se sont présentées et vous n'ignorez pas non plus les progrès qu'il a fait faire dans la métropole à toutes les questions qui vous intéressent. Quant à moi, en acceptant la haute mission qu'il a plu au roi de me confier, je suis venu au milieu de vous avec la ferme intention de faire respecter les lois à l'égard de tous, et de veiller au salut de votre pays et à vos intérêts que le gouvernement de S. M. ne veut sacrifier à aucune impatience; mais je tâcherai toujours de conserver cette impartialité et cette modération qui pourront seules donner quelque crédit à mes paroles et que chacun doit s'attacher à pratiquer aujourd'hui; en un mot, j'arrive avec le désir de faire le bien, et je crois pouvoir demander avec confiance votre concours pour le réaliser.»

Les affranchissements des noirs esclaves continuaient leur cours, malgré l'agitation qui se produisait sur plusieurs points de l'île. Des hommes égarés quittaient leurs ateliers pour se livrer au marronnage et l'on avait été obligé de faire exercer une surveillance sévère par la milice, la gendarmerie et les soldats de la garnison.

Les souscriptions pour les victimes du tremblement de terre ne s'étaient point ralenties, car au mois de juin la réunion des listes présentait une somme respectable de plus de 600,000 fr.

XI
Libération des noirs du domaine de l'Etat.

Le gouvernement de la métropole ayant pris, devant les Chambres, l'engagement de réaliser dans un délai de cinq ans, la libération des noirs appartenant au domaine colonial, il s'est mis d'accord avec les colonies pour commencer cette libération dès 1846, en affectant à cet objet une somme représentant le revenu des noirs sur les habitations domaniales; mais en ne présentant, toutefois, à la libération que des individus réunissant des conditions de conduite, de travail et de moralité. En tenant compte de ces considérations, les gouvernements de la Martinique et de la Guadeloupe n'en ont présentés que 26, dont 4 pour la Martinique et 22 pour la Guadeloupe. La session ordinaire du Conseil colonial est ouverte, le 14 mai 1846.

Les intérêts engagés dans la transformation du régime des esclaves, en exécution de la loi du 18 juillet 1845, ont exigé la convocation extraordinaire du Conseil colonial pour en obtenir des fonds, le 17 août 1846. M. le gouverneur Mathieu expose succinctement l'objet de cette convocation, en disant que la loi du 18 juillet 1845, rend nécessaire divers décrets d'urgence, à la confection desquels il appartient au Conseil de procéder, parce qu'ils donnent un surcroît de dépenses pour lesquelles les fonds sont demandés. Le Conseil colonial répond au gouverneur qu'il examinera les projets de décrets, mais qu'il ne peut promettre d'avance de faire peser sur les contribuables de nouveaux impôts, dans un moment où la production est profondément atteinte. Les lois des 18 et 19 juillet 1845 établissaient des ateliers de discipline, voulaient une noble émulation pour les esclaves, le travail libre et salarié des nouveaux affranchis, en leur imposant un engagement de cinq années. Aucune de ces prescriptions justes, mais insuffisantes compensations, n'a été accomplie, malgré les fonds spéciaux votés par les Chambres. Les ordonnances des 18 mai, 4 et 5 juin 1846 ont été, seules, promulguées avec une précipitation que rien ne commande, et cependant jamais mesure n'a demandé plus de réserve et plus de prudence. Dans plusieurs communes, des troubles ont éclaté et la fermentation règne partout; une force d'inertie, contre laquelle la loi est impuissante, paralyse le travail sur les habitations et l'on craint qu'il ne soit refusé par les noirs. Cette situation est la conséquence des dernières ordonnances qui désarment le propriétaire sans armer le magistrat d'une manière suffisante, et le Conseil colonial finit par dire qu'il repousse la responsabilité des actes qui s'accomplissent, puisqu'il n'y a point coopéré. On voit d'après cet exposé que les propriétaires étaient loin d'être satisfaits des mesures prises par le gouvernement de la métropole pour garantir la paix publique et le travail ; et cela devait être ; les noirs ne pouvaient supporter l'esclavage, sentant que l'on voulait les faire sortir de leur situation. A cette époque de crise pour les colonies à esclaves, il est bon de mettre sous les yeux du lecteur un extrait du rapport fait au roi, le 21 mars 1847, par le ministre de la marine et des colonies, M. Makau, sur la marche suivie pour la transformation de l'esclavage, depuis que les lois des 18 et 19 juillet 1845 y ont été mises en vigueur. Le ministre dit que la tranquillité a été générale, l'agitation partielle de quelques ateliers a été promptement réprimée et n'a fait que mieux ressortir le calme et la sécurité qui ont caractérisé la conduite de la population noire, et l'attitude des propriétaires pendant cette période d'épreuve et de transition. Il signale comme un bienfait la concession d'un jour de travail par semaine faite aux noirs en échange de la nourriture et de l'entretien ; mais cela avait lieu généralement sur les habitations de la Martinique et de la Guadeloupe ; en ce cas on a bien fait de généraliser la mesure. En ce qui touche au régime disciplinaire, l'ordonnance du 4 juin 1846 a été un bienfait pour les noirs comme pour les blancs, en supprimant, en principe, les châtiments corporels. Du reste, il y avait peu d'habitations où cela se pratiquait, et s'il arrivait qu'un maître fût obligé d'en venir au châtiment corporel, ce n'était qu'envers des sujets incorrigibles par d'autres moyens. Quant à l'instruction religieuse et élémentaire des esclaves prescrite par l'ordonnance du 18 mai 1846, il fallait, pour en exécuter les détails, un personnel nombreux en prêtres et en sœurs, ce qui était difficile à obtenir. On ne va pas volontiers risquer sa vie aux colonies pour la satisfaction d'instruire quelques négrillons sauvages. C'étaient encore les maîtres qui se chargeaient des soins religieux à donner, tâche véritablement ingrate. L'institution des caisses d'épargnes pour la formation du pécule était une excellente chose pour donner au noir le moyen de se racheter. On avait pensé que les affranchis devaient contracter un engagement de travail de cinq ans ; mais le rapport déclare que c'est un tort, de sorte qu'ils pourraient s'y refuser et se livrer au vagabondage auquel ils sont enclins. Pour parer à cet inconvénient, on veut créer des ateliers de travail où ils seront employés; voilà une contradiction. L'Etat a créé une subvention de 400000 fr. pour rachats d'esclaves; cette somme a été répartie ainsi: Martinique, 122000 fr.; Guadeloupe, 149,000 fr.; Guyane française, 23,000 fr., et Bourbon, 106,000 fr.

Esclaves rachetés, à savoir : Martinique, 284; Guadeloupe, 462; Guyane française, 20 ; et Bourbon, inconnu. Moyenne du prix d'un noir, 384 fr. pour les trois colonies connues. Pour attirer les travailleurs européens dans les colonies, un autre fonds de 120000 fr. a été mis à la disposition du ministre pour être consacré à l'émigration; mais vainement, car sur la somme précitée, on n'a pu employer que 16400 fr. pour le passage de 53 travailleurs: trois pour la Martinique et 50 pour la Guadeloupe, et la majeure partie des engagements ont été résiliés. Ce rapport résume bien ce qui a été fait depuis deux ans par les Chambres, le département de la marine et des colonies. La participation des Conseils coloniaux n'a pas toujours été aussi complète qu'on pouvait l'espérer, dit le ministre, qui parle à son point de vue, sans tenir compte des intérêts attaqués, des préjugés existants, d'une situation économique bouleversée, du mécontentement du présent et de l'incertitude de l'avenir Cependant, il faut dire que les procédés employés pour le changement de régime valaient encore mieux que ceux d'une libération immédiate et sans préparation aucune ; ceux qui voulaient agir ainsi étaient des esprits spéculatifs et à illusions qui n'entendaient rien aux intérêts de l'humanité; fallait-il donc sacrifier les intérêts respectables de quatre-vingt mille Français des colonies à 376000 noirs esclaves? On ne le pensera pas. La session coloniale ordinaire est ouverte, le 7 juin, par M. Mathieu, nommé récemment contre-amiral. Il prononce un discours plein d'énergie pour répondre à des attaques parties de la Chambre des députés contre le régime colonial, en voici le résumé: Il s'applaudit de ce qu'un changement se soit produit dans l'ordre économique, sans que l'ordre publique, le travail et la discipline des noirs eussent été sensiblement atteints. Depuis la dernière session, le gouverneur a parcouru les communes en visitant les habitations, il a entendu les maîtres et parlé aux esclaves ; il a examiné les rapports des inspecteurs, et il atteste que les esclaves jouissent des améliorations que la loi leur accorde. Si des manifestations ont eu lieu, elles sont aujourd'hui rares. Le calme règne dans la colonie.

Le ralentissement des travaux ne sera que momentané, les lois et ordonnances répondent au vœu du législateur. Le temps, la sagesse des maîtres, le sentiment du devoir achèveront heureusement l'œuvre de transformation commencée.

1848 - Les destinées de la France ont changé, le 24 février 1848, par l'effet de l'imprévoyance et de la faiblesse du gouvernement du roi Louis-Philippe, et par suite de l'instabilité du caractère national qui préfère renverser ce qui existe plutôt que de chercher à le modifier dans l'intérêt général. Depuis quelque temps, l'agitation des esprits prépare une crise imminente, des banquets de gardes nationaux s'organisent à Paris, les journaux de l'opposition et les ennemis du gouvernement s'apprêtent pour faire un coup de main, la population ouvrière, les étudiants sont surexcités et crient vivent la réforme! On fait des barricades. Pendant ce temps, les Chambres délibèrent sur des futilités, et le pouvoir s'efface devant les agitateurs qui osent l'attaquer dans la rue et le chasse des Tuileries.

Le 24 février, la Chambre des députés est envahie par la foule : un avocat, Ledru-Rollin, s'empare du pouvoir et y proclame un gouvernement provisoire composé de Dupont (de l'Eure), Lamartine, Crémieux, Arago, Ledru-Rollin, Garnier-Pagès et Marie. Le gouvernement républicain est proclamé sur tous les points de la France, et le pays entier se trouve livré entre les mains de quelques hommes, qui ne pensaient pas être appelés à une pareille fortune. Le gouvernement provisoire rend un décret, le 4 mars, dans lequel il déclare que nulle terre française ne peut porter des esclaves, et institue une commission pour préparer l'acte d'émancipation des esclaves dans les colonies françaises. Cette commission est composée des citoyens Schoelcher, président, Mestro, Périnon, Gatine et Gaumont[3]. Le même jour, le ministre de la marine et des colonies, Arago, écrit une lettre circulaire aux gouverneurs des colonies pour leur faire connaître l'existence de cette commission, et les informer qu'il se prépare un acte d'émancipation en faveur des esclaves. L'île Bourbon reprend son nom de Réunion, et Fort-Royal de la Martinique celui de Fort-de-France.

---

[3] Schoelcher était sous-secrétaire d'Etat de la marine et des colonies; Mestro, directeur des colonies; Périnon, chef de bataillon d'artillerie de marine; Gatine, avocat; Gaumont, ouvrier.

Lorsque l'on fut informé dans cette île de ces circonstances politiques, on s'empressa de faire acte d'adhésion au nouveau gouvernement, les uns par crainte et les autres dans l'espoir d'une légitime libération de l'esclavage, et la république fut reconnue, le 26 mars, par les autorités civiles et militaires et les habitants. Le contre-amiral Mathieu, conformément aux instructions du ministre de la marine et des colonies, remit le gouvernement de l'île entre les mains du général Rostaland, commandant militaire, et quitta la Martinique. La commission nommée pour s'occuper de l'abolition de l'esclavage ne perdit pas de temps, elle se mit à l'œuvre immédiatement pour traiter celte question qui touchait à tant d'intérêts. En effet, elle embrassait la transformation de la société coloniale qui rentrait dans le droit commun ; l'abandon du monopole commercial ; on touchait à la propriété, à l'organisation politique, et l'on mettait les colonies au pouvoir de commissaires généraux. Dans ce rapport étendu où les principes d'humanité dominent, sans tenir compte de la situation créée par l'État, représentant la société, on tranche à grands coups de plume tout ce qui avait été reconnu légale, et avait joui d'une certaine grandeur pendant plusieurs siècles. Les colons devaient être bien fatigués, dégoûtés même de leurs propriétés et des reproches qu'on leur adressait au sujet de l'esclavage, comme s'ils étaient les auteurs d'un état social qui durait depuis des siècles. Ils étaient comme ces malheureux suppliciés, attendant avec angoisse le coup de grâce qui doit finir leurs maux. Le rapport part de ce principe brutal que l'affranchissement se pose et ne se discute pas. Le gouvernement provisoire pouvait dire aux esclaves : *Soyez libres*; mais il fallait que ce grand acte fût accompli de la manière la plus profitable aux victimes d'un crime de *leze-humanité*. L'esclavage ne pouvant plus être maintenu, il ne faut plus d'ajournement qui soulèverait les nègres comme à St-Domingue. Le rapport reproche à l'esclavage d'avoir paralysé le travail, et de maintenir l'agriculture et l'industrie dans un degré d'infériorité, en employant à peine la charrue, et en ne tirant de la canne à sucre que cinq à six pour cent, qui en contient 17 à 18. On avoue que le travail perdra des bras par la liberté ; mais que le nègre reviendra là où il a sa case et sa famille, à moins qu'il ne trouve son avantage ailleurs. Le rapport aurait dû ajouter que ce moment doit amener une désorganisation générale des ateliers, et qu'il sera fort difficile de traiter raisonnablement avec les nègres nouvellement affranchis.

L'esclavage est aboli de droit deux mois après la publication du décret du gouvernement provisoire; ce délai est dans l'intérêt des incapables : vieillards, femmes et enfants qui se trouveraient privés de soins. Le sol des colonies sera purifié, et le Français, de quelques pays qu'il se trouve, doit abdiquer le honteux privilège de posséder un homme : la qualité de maître devenant incompatible avec le titre de citoyen.

Pour faire jouir les colonies d'une vie plus large, on propose la suppression des Conseils coloniaux et des délégués, qui seraient remplacés par des députés à l'Assemblée nationale. En acceptant l'émancipation, les maîtres demandaient une indemnité et une loi organisant le travail ; mais la commission ne reconnaît pas la possession de l'homme par l'homme, elle ne voit dans l'esclavage qu'un désordre social et un crime que l'État a autorisé; elle réserve la question de dédommagement pour l'Assemblée constituante. Quant à l'organisation du travail des esclaves, elle ne l'admet pas; le progrès n'est possible qu'avec la liberté entière. Le colonage partiaire trouve faveur parmi les affranchis, on recommande ce système aux colons sans l'imposer.

Le travail libre a été une des pensées dominantes de la Commission, et pour le régler, elle s'est engagée dans une série de mesures réglant les rapports du propriétaire et de l'ouvrier, réprimant le vagabondage, l'intempérance, et favorisant l'éducation pour amener chez les noirs l'amour de l'ordre et de l'économie. Ces projets, au dire de la Commission, n'imposent point de charges nouvelles à l'Etat; la réduction des garnisons et la suppression de l'esclavage amèneront des économies. On soutiendra l'agriculture, l'industrie et le commerce par l'introduction de travailleurs libres. La terre étant grevée d'hypothèques dans les colonies et dépassant la valeur territoriale, on propose d'appliquer, comme remède, l'expropriation forcée, si on veut rendre au travail son énergie et sa fécondité. C'est bien là cette plaie funeste qui ronge les colonies depuis de longues années et sous tous les régimes. Les malheureux habitants de ces pays sont accablés de calamités inconnues dans nos climats : les ouragans, les tremblements de terre, les épidémies, moins funestes encore que les impôts énormes, et le manque de liberté, de transactions. On parle de liberté partout et eux n'ont pas même celle de fabriquer quoi que se soit, celle de raffiner le sucre qu'ils produisent! Et l'on s'étonne que les propriétés sont grevées d'hypothèques et tombent en ruines, ce serait le contraire qui étonnerait. L'ignorance et la mauvaise foi ont été les deux plus grands ennemis des colonies.

On revient au rapport : l'Etat doit assurer le travail à celui qui en demande et avoir des ateliers nationaux offrant un salaire réduit au travailleur qui manque d'ouvrage. Il doit aussi protection à tous ; réprimer le vagabondage, la mendicité, l'abus de la part du nègre d'aller s'établir sur la terre d'autrui. Pour prévenir le mal, il faut éclairer les esprits en leur enseignant leurs droits et leurs devoirs. On propose donc que l'instruction soit accessible à tous et obligatoire pour les enfants avec des cours facultatifs pour les adultes. Il faut aussi prévenir le vice de l'intempérance, fort commun par le bas prix des liqueurs fortes ; les liquides seront frappés d'un impôt qui en élèvera sensiblement le prix, et pour que l'individu trouve l'emploi de son argent, on instituera des caisses d'épargne. Il y existe une chose très-dépréciée, avilie même aux yeux du nègre, c'est le travail de la terre, c'est un stigmate, il faut au contraire en faire un signe d'honneur. Il faut que l'homme sache qu'il a reçu la liberté de Dieu pour l'employer au profit de son semblable et de lui-même ; que ceux qui accomplissent le mieux ce devoir social et humain doivent être placés au premier rang de la société. C'est d'après cette idée que la Commission propose d'instituer une fête du travail, usage emprunté à l'antiquité ; mais salutaire aussi de nos jours. En résumé, c'est tout une nouvelle organisation sociale et économique que contient ce rapport, dont l'ensemble et les détails sont expliqués clairement. Il est suivi d'une série de décrets et d'instructions qui sont tous exécutoires dans les colonies, et portent l'approbation du gouvernement provisoire. Dans la situation où l'on se trouvait, il fallait à la tête de chaque colonie un homme ferme, éclairé, et ayant l'habitude des affaires, pour mener à bonne fin une transformation où les difficultés ne manqueraient pas. Le ministre de la marine et des colonies fit choix du citoyen Périnon, pour la Martinique, en qualité de commissaire général de la République, par un arrêté du 27 avril 1848. A l'époque du mois de mai, l'impatience gagnait l'esprit de ces hommes à qui on avait promis la liberté, et qui craignaient un retour vers le passé. La ville de St-Pierre, contenant 15 à 16.000 noirs, était particulièrement agitée par une sourde rumeur, et il se préparait un orage populaire qui pouvait éclater d'un moment à l'autre. Les habitants avaient le cœur serré par les symptômes effrayants qui se manifestaient de tous côtés ; le Conseil municipal était rassemblé pour délibérer sur l'émancipation, et l'on attendait avec inquiétude sa décision. Dans cette grave situation, le Conseil municipal, s'inspirant du danger que courait la ville, prononça une émancipation générale et immédiate. Aussitôt que cette mesure est connue des masses noirs, une immense explosion de joie éclate et retentit partout, aussi bien dans la ville que dans les campagnes. De tous côtés on jette les armes pour les remplacer par des rameaux de paix, pour commencer une fête en l'honneur de la liberté. Le lendemain, il fut décidé que, pour consacrer le jour de l'émancipation, des arbres de la liberté seraient plantés avec le concours des autorités et de la religion à la batterie d'Enotz, où la bénédiction fut donnée par l'abbé Poncelet, qui prononça un discours de circonstance; puis deux autres arbres furent plantés au mouillage et au fort avec la même cérémonie. Après la bénédiction, des discours furent aussi prononcés par MM Sauvignan, adjoint, Agnès et Meynier, président de la cour d'appel et membre du Conseil municipal. Le commissaire général de la République, Périnon, étant arrivé dans les premiers jours de juin, prit le gouvernement en main et promulgua les actes officiels de la métropole concernant l'abolition de l'esclavage, qui était déjà aboli de fait, par ce que l'on vient de voir ; il chercha à faire cesser la désorganisation qui avait lieu, en expédiant sur différents points de l'île des agents chargés d'expliquer aux nouveaux affranchis leurs droits et leurs devoirs d'hommes libres.